安徽省“三全育人”试点省建设暨高校思想政治工作能力提升计划项目

“统筹推进大中小学思政课课程一体化建设研究——以安庆市为例”（sztsjh-2022-5-7）成果

“守正创新名师工作室”（sztsjh-2020-1-1）成果

高校思政课多元混合教学模式创新的理论与实践

严仍昱 ◎ 著

安徽师范大学出版社
ANHUI NORMAL UNIVERSITY PRESS
·芜湖·

图书在版编目（CIP）数据

高校思政课多元混合教学模式创新的理论与实践 /严仍昱著. —芜湖：安徽师范大学出版社，2023.10

ISBN 978-7-5676-5858-5

Ⅰ.①高… Ⅱ.①严… Ⅲ.①高等学校－思想政治教育－教学模式－研究－中国 Ⅳ.①G641

中国版本图书馆CIP数据核字（2022）第195942号

高校思政课多元混合教学模式创新的理论与实践 严仍昱◎著

责任编辑：孙新文　　责任校对：何章艳

装帧设计：王晴晴　冯君君　　责任印制：桑国磊

特约校对：吕欣伟

出版发行：安徽师范大学出版社

芜湖市北京中路2号安徽师范大学赭山校区　　邮政编码：241000

网　　址：http://www.ahnupress.com/

发 行 部：0553-3883578　5910327　5910310（传真）

印　　刷：苏州市古得堡数码印刷有限公司

版　　次：2023年10月第1版

印　　次：2023年10月第1次印刷

规　　格：700 mm×1000 mm　1/16

印　　张：14

字　　数：225千字

书　　号：ISBN 978-7-5676-5858-5

定　　价：49.00元

前　言

育人之本，在于立德铸魂。教育的根本问题是“培养什么人”“怎样培养人”和“为谁培养人”的问题。其中，“培养什么人”是教育的首要问题，它决定着教育的培养目标和人才的素质内涵；“为谁培养人”则关系着教育的性质问题，决定着教育的发展方向和人才的价值取向；“怎样培养人”则是教育的策略和方法问题，决定着教育目标的实现程度和教育的发展方向。我国是中国共产党领导的社会主义国家，这就决定了我们的教育必须把立德树人作为根本任务，培养一代又一代拥护中国共产党领导和社会主义制度、立志为中国特色社会主义奋斗终身的有理想有本领有担当的时代新人。高校思政课是落实立德树人根本任务的关键课程，是对大学生进行马克思主义和中国特色社会主义教育，培养大学生社会主义核心价值观，坚定大学生“四个自信”的主渠道；是实现“培养什么人”“怎样培养人”和“为谁培养人”有机统一的主阵地。高校思政课建设和发展的质量不仅关系着大学生个人的成长，而且关系着中华民族的发展前途和命运。

世界百年未有之大变局正在加速推进，实现中华民族伟大复兴的中国梦所面临的国际形势异常险峻和复杂，如何变危机为转机，就成为摆在中华民族面前的重大历史性课题。在这一新形势下，如何通过改革创新，使高校思政课在复杂的环境中引领青年大学生选择正确的方向，坚定马克思主义信仰和中国特色社会主义信念尤为重要。教学模式变革则是高校思政课改革创新的核心内容，从根本上决定着思政课建设和发展的质量。一方面，中国特色社会主义进入新时代，中国综合实力不断提升，社会经济不断发展进步，信息技术和互联网迅猛发展，这些为高校思政课教学模式改革创新提供了丰富的内容和手段；另一方面，价值观念的多元化，信息发布的立体化，社会环境的复杂化，以及国际意识形态斗争的日益激烈和出现的新变化，都给高校思政课教学模式改革创新带来诸多挑战。如何在纷繁复杂的世界变局中，实现为党育人、为国育才的时代重任，充分利用机遇，勇敢迎接挑战，推进教学模式改革创新，不断增强教学实效性，则是高校思政课建设和发展的时代要求。

高校思政课既具有较强的理论性，又具有突出的应用性；既具有价值引导性，又具有丰富的知识性；既关注理想信念的引领，又着眼于现实困境，是兼具学理性、知识性、价值性与实践性于一体的课程体系，是引领大学生树立社会主义核心价值观、坚定理想信念的关键课程。习近平总书记在学校思想政治理论课教师座谈会上提出，要创新思政课，必须坚持“八个统一”的具体要求，即坚持政治性和学理性相统一，坚持价值性和知识性相统一，坚持建设性和批判性相统一，坚持理论性和实践性相统一，坚持统一性和多样性相统一，坚持主导性和主体性相统一，坚持灌输性和启发性相统一，坚持显性教育和隐性教育相统一。“八个统一”揭示了思政课建设发展的基本矛盾，是思政课建设基本规律的集中体现，为高校思政课教学模式创新提供了明确方向和根本遵循。

近些年来，高校思政课教学改革不断推进，一些高校根据自身条件进行思政课教学模式创新，如构建微课堂教学、翻转课堂等线上线下多元混合教学模式；一些高校的改革着重于思政课教学的某个方面或者某个环节，如教学方法和教学手段的创新。这些改革探索为提高教学质量，增强教学效果做出了有益尝试。但是，目前所进行的思政课创新探索鲜有从教学过程结构和体系层面推进的，思政课教学总体上还停留于以课堂理论讲授为主的状态，尽管教学方法和手段有所丰富，但教学模式仍然相对单一，难以适应新时代我国人才培养的需要。正是基于对这一现实问题的深刻认识，本书意在以“八个统一”为根本遵循，通过对高校思政课多元混合教学模式的创新探索，推动高校思政课教学在政治性和学理性、价值性和知识性、建设性和批判性、理论性和实践性、统一性和多样性、主导性和主体性、灌输性和启发性、显性教育和隐性教育等方面实现统一，提升高校思政课教学的实效性和亲和力，增强大学生做中国人的志气、骨气、底气！

由于本人能力有限，本书难免有疏漏，恳请专家同仁批评指正！

目　录

第一章　多元混合教学模式的理论概述

教学活动是教师为了实现一定的教学目标，根据教育教学规律，对教育对象施加的有目的、有计划、有组织的影响过程。而教学模式是特定教学活动的全部过程，是教学过程中各种要素相互作用构成的一个有机整体。在任何课程教学中，都会运用一种或者多种教学模式，可以说，离开了教学模式，教学过程就不完整，教学就变成了一个个孤立的活动或者环节，很难保证教学目标的达成。对于思政课而言，如果整个教学过程只是由一个个孤立的教学活动或者环节构成，不仅不利于学生掌握理论知识，更不利于学生观念和行为习惯的养成。由于教师对教学理念、教学目标、教学内容、教学对象的理解不同，对教学模式的选择就有差异，即使面对同一个教学内容和教学对象，教学模式也可能不同。传统教学中主要采用理论讲授模式，即在课堂中，教师运用逻辑推演或者举例等方法将学科相关理论知识传授给学生。随着教学理念的更新，信息技术的发展，教学方法和教学手段日益丰富，教学模式也日益多样化。目前比较流行的教学模式有线上教学模式、线上线下混合教学模式、翻转课堂教学模式、对分课堂教学模式、实践教学模式等。教学模式不同，意味着教学理念的不同，即使教学目标和内容相同，教师在教学过程中采用的教学策略和程序也会不同，教学效果必然有差异。那么，什么是教学模式？教学模式在课程建设中的地位和作用如何？多元混合教学模式的基本内涵是什么？其理论依据有哪些？这些是本章要一一探讨的问题。

环境和技术条件。特定教学模式的运行需要具备一定的条件，这些条件是特定教学模式正常运行的基本保障，其中主要包括主体条件、环境条件和技术条件。主体条件是指师资队伍条件、学生身心发展特点及其思想品德状况。有些教学模式的运行对教师的素质要求较高；有些教学模式的运用对学生的身心发展状况和思想品德水平有要求，如对分课堂和翻转课堂教学模式的运行对学生的认知能力等有一定的要求。环境条件即教学环境条件，是指学校组织开展教学活动的制度规范、教学场地、教学管理水平、校风、学风等。有些教学模式的运行需要一定的教学环境条件作支撑，如实践教学模式的组织实施，仅仅依靠教师的力量很难实施，需要学校提供必备的教学环境条件。技术条件是指支撑特定教学模式的手段条件。如线上教学模式就需要一定的网络技术条件，如果没有网络或者网络技术比较落后，线上教学模式的顺利运行就很难得到保障。总之，教学模式创新往往反映教学环境条件和技术条件的发展水平和趋势，教学环境条件和技术条件则为教学模式创新提供支持和保障。

5. 教学评价。特定的教学模式运行是否有效，即教学目标实现的程度如何，需要通过对整个教学过程及其结果进行评价。教学评价，是指按照一定的标准，运用科学的方法和手段对教学过程和教学效果进行评估并作出判断的过程，是对教学过程作出的测量、分析和评定。教学评价虽然是某一教学过程的最后一个环节，但是它对教学的整个过程都发挥着调控作用，它会引导教学行为的选择。在特定的教学模式运行结束之后，对其进行测量评价，总结经验，发现问题，从而清楚地了解这一教学模式是否有效，以及其存在的问题和改进的策略。总之，教师通过教学评价结果了解自己的教学工作情况，包括成绩和不足，并进行反思改进，从而不断完善新的教学过程。

综上，从教学模式运行的过程看，教学模式的五大要素之间相互作用，相互影响，相互联系，构成了一个有机完整的体系即教学模式。教学模式以教学理念为指导，在教学理念的指导下启动，教学理念贯穿教学模式运行的全过程；教学目标是教学模式追求的预期效果，也是衡量教学模式有效性的尺度；操作程序是教学模式存在的形式，对操作程序的选择和运用是教学模式的具体化，同时也受教学理念和教学目标的制约；实现条件既保障教学模式的顺利运行，又对教学模式创新和运用形成制约；而教学评价则检测和调控教学模式。教学理念、教学目标、操作程序、实现条件和教学评价的组织实施主体是教师，教师会在遵循教育教学规律的前提下，针对学生身心发展特点，在特定教学理念的引领下，为了最大限度地实现教学目标，明确教学模式，并且为了组织实施教学模式，精心设计整个教学过程，其中包括教学内容、教学方法和手段的选择，教学环境条件的创设优化，以及教学要素排列组合及展开即操作程序，最后进入教学评价环节，总结归纳，诊断调控。

二、教学模式的特征

(一)程序的特定性

特定的教学模式具有特定的教学程序。一般而言，教师会基于一定的教学理念的指导，围绕教学目标，结合教学对象身心特点等因素而采用特定的教学模式。但是，无论是什么样的教学模式，其组织实施的过程其实就是各种教学活动展开的过程，而这一过程的向前推进不是无条件的，需要具备一定的现实条件。因此，教学程序一步步展开的过程，如第一步要做什么，运用什么策略方法，如何运用，第二步做什么，运用什么样的教学方法和手段等，都会涉及教学目标、教学内容、教学方法、教学环节、教学对象、教学策略等这些教学构成要素如何排列组合的问题。教学理念不同，教学目标、教学内容和教学方法的选择就会有不同，以至于教学策略及其运用就会不同，教学各构成要素的排列组合方式就存在差异。因此，每一种教学模式都有其自身特定的教学程序。而且随着信息技术手段的不断发展，互联网技术的日益普及等，特定教学模式的实施条件也日益先进和充分，教学模式程序的特定性这一特征将会更加突出。

(二)结构的整体性

任何一个教学过程，都是在特定教学理念的指导下，为了实现一定的教学目标，一系列教学要素相互作用、相互影响的过程。在一系列教学活动组织实施的过程中，教学各构成要素相互作用形成了具有紧密内在联系的一个有机整体。特定教学模式的运行过程，也是一系列教学活动展开的过程，教学理念、教学目标、教学主体、教学环节、教学方法、教学评估、教学条件等所有教学构成要素都要参与其中，缺少任何一个构成要素，教学过程就无法组织实施。需要注意的是，教学各构成要素不是简单地堆积在教学过程中，而是有组织、有计划地按照一定规律相互作用和相互影响，共同作用于教学对象，从而促进教学目标的实现。虽然教学模式会因为教学理念和教学目标等因素的不同而不同，一种教学模式与其他教学模式在教学构成要素的排列组合模式以及程序上存在明显差异，辨识性很高，但是，每一种教学模式都有自己特定的教学活动的结构框架，结构框架内的各种教学要素相互作用形成了一个有机整体。如传统的填鸭式教学模式中，教师具有绝对支配地位，学生处于完全服从地位，而理论知识的记忆和掌握是整个教学的中心目标，也是中心环节。为此，在教学环节和教学方法的选择上就会围绕如何促进理论知识的记忆和掌握来展开。传统的填鸭式教学模式本质上是以理论知识记忆为教学目标，以“教师”和“教”为中心的教学模式，其教学内容、教学方法和教学策略等的选择均围绕有利于理论知识的记忆而进行排列组合，并由此相互作用形成一个有机整体。正因为如此，教学模式创新是整个教学过程的创新，而不是零敲碎打。

（三）模式的稳定性

某种教学模式一旦形成，在特定的时间内就具有了相对稳定性，就会在教学实践中运用相当长一段时间。特定的教学模式是在特定的教学理念的指导下形成的，而教学理念是对特定时代人才培养需求的主观反映，说到底是时代对人才内涵要求的集中反映。因此，在一定教学理念指导下形成和确立起来的某种教学模式实质是适应时代发展的需要而生成的。而它一旦形成和确立，只要时代发展对人才内涵的要求没有发生根本性转变，人才培养的需求就不会发生根本性变化，相应的，特定的教学模式的应用环境条件也就仍然存在。与此同时，某种教学模式一旦形成，也就意味着教学各构成要素相互作用形成的排列组合方式和教学活动的组织实施环节也是相对稳定的，教师们也不会轻易改变它。因为一旦有所变动，除了要花费时间、精力和其他资源之外，还会面临新的教学模式可能存在无效或者低效的风险。因此，在一定的时代背景条件下，特定的教学模式具有相对稳定性。

（四）过程的可复制性

正如前文所述，特定的教学模式是在一定的教学理念指导下形成的，是为了践行教学理念而被采用。教学过程中，为了实现教学目标，教学过程如何展开，教学各要素之间应该建立什么样的关系，尤其是教师和学生之间应该建立什么样的关系，在教学过程中应该运用什么样的策略和方法，教学活动由哪些环节组成，最终达到什么样的教学效果，等等，都是在教学理念的总体指导下完成的。因此，教学理念贯穿教学模式的全部，教学模式则践行着某种特定的教学理念。可见，教学模式是反映某种教学理念的操作过程，是落实的教学理念，具有鲜明的操作性。教学模式不仅具有很强的操作性，而且这个具有操作性的过程也具有特定的范式，是在特定教学理念指导下形成的一整套教学关系和教学活动程序的标准范式。只要教学目标相同，教学对象身心发展状况相似，实现条件有保障，某种教学模式就可以反复运用。因此，从这个意义上说，教学模式具有过程的可复制性。

（五）关系的协调性

一种特定的教学模式，其内部各构成要素之间的关系是协调一致的。任何一种教学模式都包括教学目标、教学理念、操作程序（其中包括教学方法、教学内容、教学主体、教学策略）、实现条件和教学评价等构成要素，这些要素在教学理念的指导下，围绕教学目标相互作用、相互影响，共同作用于教学对象，使之在理论知识、能力锻炼和素质培养上达到教学的预期目标。在教学模式实施运行过程中，教学方法服务于教学内容，教调控使之与教学目标发挥同向作用，但是仍然存在一些与思政课教学目标背道而驰的隐性因素，减损了思政课教学效果。因此，构建隐性教学模式以强化隐性因素的正向作用是现实的需要。

以上是多元混合教学模式的四种基础类型，在此基础上，还可以根据教学需要加入其他教学模式，使之形成两种以上的多元混合教学模式，如在运用课堂讲授教学模式与实践教学模式相结合的多元混合教学模式中，也可以根据教学需要增加线上教学模式，还可以增加自主探究教学模式，等等。又如任何一种基础教学模式都可以根据需要运用线上教学模式，其他基础类型的多元混合教学模式也可以根据需要增加相应教学模式。需要注意的是，多元混合教学模式的四种基础类型只是根据研究需要所作的分类，并不具有严格的学术意义。运用多元混合教学模式，可以有效实现教学的政治性和学理性、价值性和知识性、建设性和批判性、理论性和实践性、统一性和多样性、主导性和主体性、灌输性和启发性、显性和隐性相统一，以增强教学的针对性和实效性。

（二）多元混合教学模式的特点

1. 教学要素的多元性。多元混合教学模式在现代教学理念的指导下，采用多种教学模式共同作用于同一个教学目标，有助于最大程度地实现教学目标。虽然多种教学模式共同作用于同一个教学目标，但是由于每一种教学模式所遵循的教学理念不同，在教学模式组织实施过程中所采用的教学方法、教学手段和教学环节都不同。因此，多元混合教学模式具有多元性的特点，即教学理念是多元的，教学方法、教学手段和教学环节等也是多元的，教学要素相对于单一教学模式而言，具有鲜明的多元性特点。

2. 教学功能的复合性。虽然是多种教学模式共同作用于同一个教学目标和教学对象，但是实现的教学功能却是多种多样的。如传统的课堂讲授教学模式往往突出教师的主导性和主体性，突出“教师”的地位和“教”的作用，忽视“学生”和学生的“学”。而现代教学模式如线上教学模式、自主探究教学模式则更多地强调学生的主体性，主张要充分发挥学生的积极性，重视学生的个体差异性。因此，传统的课堂讲授教学模式和现代教学模式相结合形成的多元混合教学模式所实现的教学功能是复合性的；既能保证正确适度发挥教师的主导作用，又有助于激发学生的主体性，让学生在掌握理论知识的基础上，培养自主学习能力和塑造正确的价值观念。可以说，教学过程中运用多元混合教学模式时，多个教学模式并不是各自为政，而是共同作用于教学目标和教学对象，协调合作，最大限度地发挥教学的潜在功能，弥补单一教学模式在功能发挥上的不足，实现教学功能的复合性，从而增强教学实效性，最大限度地实现教学目标。

3.教学过程的统一性。在课程教学中，为实现同一个教学目标而混合使用多个不同的教学模式，虽然看似会有多个不同的教学过程，因为不同的教学模式会有不同的教学活动和环节，教学策略也有差异，但是这种不同或者差异，只是在教学过程的某些环节才会出现。而就某一教学目标和教学内容而言，每种教学模式的运用都是整个教学过程的组成部分，是整个教学过程不可分割的一部分，不同的教学模式最终服务于相同的教学目标和教学对象，统一于为实现教学目标的整个教学过程。也就是说，为了实现教学目标，教师会采用多个教学模式共同作用于教学对象，但每个教学目标所要实现的教学分目标又不同，如有的教学模式是针对深化理论知识的理解而设计的，有的教学模式是为了培养特定的情感态度和价值观的，而有的教学模式则是为着重养成行为习惯，或者锻炼某种能力而采用的。虽然每一种教学模式所要实现的分目标不同，但均统一于为实现同一个教学总目标的整个教学过程。因此，多元混合教学模式具有教学过程的统一性特点。

4.教学效果的整体性。多种教学模式在同一个教学过程中实施，它们共同作用于同一个教学目标、教学内容和教学对象，它们的目的只有一个，就是增强教学的实效性，提升教学的整体效果，最大限度地实现教学目标。而不同教学模式围绕同一个教学目标，共同作用于同一个教学内容和教学对象，在教学功能上可以发挥平衡、增强、弥补的作用，如有的教学模式着重增强学生的主体性，有的教学模式侧重锻炼学生的动手能力，有的教学模式强调培养学生的自主意识和创新精神，等等，最终促使学生不仅掌握了相关的理论知识，而且培育了正确的价值观念、创新精神以及建课程内容体系；通过对考试数据、学习数据、课程数据等的统计与分析，快速掌握教学情况和学生的学习情况，为及时调整和完善教学方案，提升教学效果提供数据支撑。又如运用多元混合教学模式，可以有效激发学生参与教学过程的积极性，从而实现主动学习，自主探究，实现从理论知识的掌握到学会探索研究的方法，学习态度也发生从消极被动到积极主动的转变。总之，运用多元混合教学模式，在教学效果上，不仅仅是增强学生对理论知识的理解，更是推动学生在学习方法和自主学习态度上的积极转变，使教学实现从授人以“鱼”到授人以“鱼”和授人以“渔”相统一的转变。

4.有力激发学生的主体性。在传统教学模式下，尽管教师可以通过丰富教学方法等方式不断改进教学，在一定程度上也会对教学质量产生积极影响，但是对于学生主体性的发挥和自主意识的培养等来说仍然是非常有限的，以教师为中心和以“教”为中心的教学本质没有发生根本变化，学生价值观、自主意识和创新精神等的培养仍然受到限制。学生是教学过程中不可或缺的主体，只有充分激发他们的主体性，才能真正实现教育与自我教育相结合，实现理论知识和观念内化与外化的统一。再优质的教学最终目的都是实现教学内容的内化和外化，而这些都必须建立在学生主体性充分发挥的基础上，尤其是思政课程的教学目标和教学内容的内化和外化的完成，更需要借助学生的内生动力。多元混合教学模式不仅可以在教学中坚持教师的主导地位，发挥教师的指导作用，而且可以充分激发学生的主体性：如借助网络技术和信息技术手段，可以有效激发学生参与整个教学过程的积极性；运用自主探究教学模式可以有效激发学生自主学习和研究的兴趣，培养学生自我教育的能力；而隐性教学模式则可以引导学生主动选择与主流价值导向相一致的各种信息，学会甄别并作出正确判断；等等。总之，运用多元混合教学模式，可以充分发挥教师在教学中的主导性，更能充分体现学生作为学习过程主体的主动性、积极性和创造性，从而真正实现“要我学”向“我要学”的转变。

第二节　多元混合教学模式创新的理论借鉴

推进多元混合教学模式创新具有丰富的理论依据，既有教育学和心理学方面的理论借鉴，又有理论界的理论研究成果作参照。在教育学和心理学方面，有面向所有学生的掌握学习理论，以问题为中心的首要教学原理，重视深度思维和实际应用能力养成的深度学习理论，促进主体性充分实现的自主学习理论等，这些都为多元混合教学模式创新提供了理论借鉴。近年来，我国理论界对多元混合教学模式也展开了卓有成效的研究，形成了一大批理论成果，为多元混合教学模式创新提供了理论参照。

一、多元混合教学模式创新的教育学心理学基础

（一）面向所有学生的掌握学习理论

掌握学习理论是美国心理学家B.S.布卢姆（Benjamin S.Bloom）所倡导的一种适应学生个体发展的教学理论，这一理论在世界教学改革的热潮中产生了广泛影响。20世纪80年代，掌握学习理论被介绍到我国，随后被应用到教学改革中，并产生了一定的积极影响。布卢姆通过实验研究对学生在能力和学业成绩方面的差异提出了不同于传统的看法，他认为，“除了占学生总数的5%的超常学生和低常学生之外，其余95%左右的学生在学习能力、学习速度、进一步学习动机方面并不存在什么差异。”[①]简单地说，布卢姆的掌握学习理论的核心观点就是“我们的学生都能学习”。针对美国20世纪60—70年代教育制度只注意培养少数尖子学生而牺牲大多数学生的弊端，布卢姆认为，教育不能再满足于只培养小部分所谓的优秀学生而放任大部分学生的做法。同时，也要放弃这样的心理定势，即1/3的学生能完全掌握教师所教的知识，学得很好；1/3的学生对教师所教的知识掌握程度一般，成绩也一般；还有1/3的学生对教师所教知识学得不好，只能不及格或刚刚“通过”。因为这样的教育和心理定势只会导致学

① 李志厚，钟秀梅．教学临界阈理论与实践[M]．哈尔滨：哈尔滨工程大学出版社，2011：91.

生之间的成绩差距会越来越大。如何解决上述问题？布卢姆认为解决上述问题的最好办法在于实施“掌握学习”教学，即教师要放下对“差生”的偏见和对优秀学生的偏爱，转变观念，引导学生为掌握而学习，给学生充裕的学习时间，选择恰当的教学方法等，在这种教育下，每一个学生都能变优秀。

掌握学习理论对于我们今天的课程教学也有一定的启示。目前我们的课程教学一般都采用标准化、流水线式的教学形式，要求在规定的时间内，采用标准化的教材、统一的教学方式方法、统一的教学媒体以及标准化的考核评价方式等，实现标准化的教学过程。尤其是高校课程教学，统一化、标准化的特点更加突出。统一化、标准化的教学形式虽然具有效率高的优势，能够有效地解决班级规模较大的问题，但是也存在明显的缺陷，那就是很难关照到多数学生。也就是说，教师能够关注到的学生只能是少数——表现过于优秀或者表现过于糟糕的学生，而大多数“普通”学生很容易被忽视。在标准化、统一化的教学模式中，教师总是以大多数中等水平的学生群体作为参照，开展教学设计，确定教学内容，选择教学方法，设计教学环节和程序，以及规定教学评价活动等，其结果必然会导致学生之间出现学习差异和成绩分化的现象。而一味地强调学生成绩分化的正态分布曲线，再反过来继续强化教师的教学设计，最终形成了一种教学设计与学习成效之间的恶性循环。在整套的教学设计和教学组织过程中，特殊性和个性被忽视，学生的个性特点在教学活动中没有得到关照，“因材施教”难有存在的空间。今天，随着信息技术的发展，满足学生个性和学习的差异性所需要的条件日益改善，掌握学习理论为多元混合教学模式的创新提供了一定的理论依据。

（二）以问题为中心的首要教学原理

首要教学原理是由美国教育心理学家戴维·梅里尔（M.David Memill）于2002年提出的，随后，这一理论被引入我国。梅里尔在《首要教学原理》一文中提出了五项首要教学原理：当学习者介入解决实际问题时，才能够促进学习；当激活已有知识并将它作为新知识的基础时才能够促进学习；当新知识展示给学习者时，才能够促进学习；当学习者应用新知识时，才能够促进学习；当新知识与学习者的生活世界融于一体时，才能够促进学习。[①]从认知主义到建构主义，课堂教学的有效性一直是人们追求的目标，但是只有“首要教学原理”才是兼收并蓄、博采众长的教学模式（又称为五星教学模式）。梅里尔在他的《首要教学原理》里主要讨论了依据不同的知识类型即概念、程序和原理等，采用四种基本的教学策略即讲解、提问、展示与操练来开展有效教学。首要教学原理围绕“聚焦解决问题”，强调教学是一个不断重复的循环过程，即从“激活原有知识”到“展示论证新知识”，从“尝试应用练习”到“融会贯通掌握”。其中，解决现实中的问题是核心，一切教学活动都是为了解决现实中的问题而设计和存在，这个问题可能是某个事实或概念，也可能是程序或原理等。开启教学活动后，在整个教学活动中，教师要时刻提醒自己聚焦现实中的问题，保证教学活动不偏离“解决问题”这个目标。总之，梅里尔提出的以问题为中心的“首要教学原理”，认为当学生解决真实世界中的问题时，其学习会得到促进。教师要围绕完成任务和聚焦解决问题开展教学，培养学习者解决高层次问题的能力，努力实现意义学习与能力迁移。

今天，世界面临百年未有之大变局，国际国内问题层出不穷，面对复杂多变的世界，学生自身的思想困惑也会增多。而学校课程教学往往习惯于讲授理论，甚至“两耳不闻窗外事”，从理论到理论，用一个理论去解释另一个理论，从校门到校门，最后，孩子们的疑惑仍然存在。因为孩子们生活在一个现实的世界中，只要生活在现实世界中，问题就不会消失。多元混合教学模式就是在传统理论讲授的基础上，运用各种现代技术手段和环境条件，针对理论前沿和现实问题以及学生自身的思想困惑进行教学，从而实现用正确的理论解释现实世界，用正确的理论武装学生头脑，进而实现改造现实世界的目标。同时，理论与现实问题相结合，还可以以现实问题检验理论的真理性。而梅里尔的首要教学原理的提出，从理论上强调了把学校课程教学推向更加复杂广阔的真实世界的现实意义。首要教学原理不仅强调教学设计要关注学生真实世界存在的问题以及对问题解决

① M.David Merrill. 首要教学原理[J]. 盛群力，马兰，译. 远程教育杂志，2003(4)：20-26.

的指导，而且要求教师要转变纯粹理论讲授的教学理念，从知识的传递者转变为学生学习过程中的指导者、协助者和促进者，这为多元混合教学模式提供了一定的理论基础。

（三）重视深度思维和实际应用能力养成的深度学习理论

1976年，美国学者马顿（Marton，F.）和萨尔约（Saljo，R.）在《论学习的本质区别：结果和过程》一文中明确提出了浅层学习和深度学习的概念。[①]所谓深度学习，就是指在教师引领下，学生围绕着具有挑战性的学习主题，全身心积极参与、体验成功、获得发展的有意义的学习过程。深度学习是一种提倡主动性、批判性的有意义学习，它深刻地回答了如何学才能达成学习目标的问题，是以理解为基础的意义探究型学习活动。深度学习理论是在对现实教学中存在的孤立记忆与机械式问题解决方式的弊端进行批判的基础上提出的。该理论认为，教师应该将深度思维和解决实际问题能力的发展作为教学目标之一贯穿教学活动始终；学生的学习不能仅仅停留在记忆和理解的层面，教师的教学目标也不应该仅仅停留在理论知识的记忆和理解上，而更应该通过实现联想和实践，通过探究寻找出知识的逻辑意义，构建结论与事实之间的联系，从而促使学生通过学习过程来构建自己的知识体系，而不是简单地重复教师所教的东西。可以说，“深度学习目标”相较于浅层学习目标的记忆和理解，更多地指向学生思维习惯的养成和实际应用能力的提升。深度学习理论于2005年前后引入中国，并在教学改革中得到应用，如今，以“深度学习”为目标推进教学改革正在我国兴起，并对我国教学改革实践的推进发挥了一定积极作用。

在我国的教学实践中，无论是基础教育，还是高等教育，教师的大部分教学时间仍然用在帮助学生实现对知识的记忆、复述或是简单描述，即浅层学习活动上，而对知识的综合应用和问题的创造性解决等“应用、分析、评价和创造”的深度思维活动并没有在教学活动中得到足够重视。在教学实践中，教师的教学活动目标大部分仍然停留在帮助学生实现浅层学

① Ference Marton, Roger Saljo, R. On Qualitative Difference in Learning: Outcome and Process[J]. British Journal of Educational Psychology, 1976, 46:4-11.

习活动上，即使一些学生试图进行知识迁移、做出决策和解决问题的深度学习时，也没有得到教师和其他教育环境的支持。在思政课的教学活动中同样存在这样的问题。由于各种因素的限制，思政课教学主要停留在理论知识的讲授上，而很少关注对现实问题的解决，更难以培养学生解决实际问题的能力。而多元混合教学模式正是基于我国教学现实，将浅层学习与深度学习相结合，将理论讲授与实践教学相统一，将教师主导与学生主体相统一，促进深度学习，着力培养学生创造性地解决实际问题的能力。因此，深度学习理论为多元混合教学模式提供了一定的理论参照。

（四）促进主体性充分实现的自主学习理论

20世纪80年代，美国学者齐莫曼（B.J.Zimmerman）对自主学习理论进行了全面研究，并提出了自主学习的状态：当学生在元认知、动机和行为三个方面都是一个积极的参与者时，其学习就是自主的。齐莫曼认为，自主学习的学习者对为什么学习、学习策略、什么时间学习、学习的效果、在什么环境下学习以及和谁一起学习都有自觉的意识。[①]我国学者庞维国总结出自主学习的三个特点，即能动性、有效性和相对独立性。[②]自主学习理论的提出与教育心理学的发展紧密联系。当代教育心理学的三大主要流派即人本主义、认知主义以及建构主义都强调教育必须以学习者为中心，而自主学习理论正是在这一理论背景下形成发展起来的。

首先，人本主义学习理论。人本主义学习理论是建立在人本主义心理学的基础之上的，人本主义心理学是20世纪60年代兴起的一个心理学流派。对人本主义学习理论产生深远影响的是美国心理学家罗杰斯（Carl R. Rogers，1902—1987），他认为，人类具有天生的学习愿望和潜能，这是一种值得信赖的心理倾向，它们可以在合适的条件下释放出来；当学生了解到学习内容与自身需要相关时，学习的积极性最容易激发，学习才是有意义的，这样的学习才能持久、深入；在一种具有心理安全感的环境下可以更好地学习。因此，罗杰斯提出，教师的任务不是教学生知识，也不是教

① 庞维国.论学生的自主学习[J].华东师范大学学报(教育科学版),2001(02):79.

② 庞维国.论学生的自主学习[J].华东师范大学学报(教育科学版),2001(02):78-81.

学生如何学习知识，而是要为学生提供学习的手段，至于应当如何学习则由学生自己决定，教师的角色应当是学生学习的“促进者”①。

其次，认知学习理论。美国著名的认知教育心理学家布鲁纳认为，学习的本质不是被动地形成刺激-反应的联结，而是主动地形成认知结构。学习者不是被动地接受知识，而是主动地获取知识，并通过把新获得的知识和已有的认知结构联系起来，积极地建构其知识体系。其中，教师的指导不可或缺，要重视教师如何给学生以有意义的教学指导，强调学生通过教师指导自主地发现事实，理解概念和原理。②

最后，建构主义学习理论。建构主义在发展的过程中形成了不同的理论，有认知建构主义、社会建构主义、渐进建构主义。虽然不同的建构主义学派研究的重点和角度不同，但是也有一致的方面，即都包含着与学习有关的基本成分。其基本观点有：理解是通过与环境的互动发生的；认知冲突或疑惑是学习的刺激，并决定着学习内容的实质和组织；诱发学习者的问题并利用它们刺激学习活动，或确认某一问题，使学习者迅速地将该问题作为自己的问题而接纳；一种真实的学习环境是认知的需求与学习者必须为之做好准备的环境中的需求保持一致的环境，等等。③课程教学中采用的任何教学模式其实都包含四个关键因素，即教师、学生、任务和环境，其中任何一个因素都不可能孤立于其它因素而存在，它们之间的交互是一个动态的、发展的过程。在这一过程中，教师设置体现自己教学理念的教学任务；学生作为个人理解这些任务的意义和个人相关性；任务则成为教师和学生的联接的纽带。学习不是由教师把知识简单地传递给学生，而是由学生自己建构知识的过程。学生不是简单被动地接收信息，而是主动地建构知识的意义，这种建构是无法由他人来代替的。

正因为如此，为了促进学生主体性的发挥，从接受教育到学会进行自我教育，最终实现自主学习，才是教育的最高境界。在多元混合教学模式中，通过教师的协助和指导，学生以自主学习和合作探究的学习方式参与

① 张奇.学习理论[M].武汉：湖北教育出版社，1999：327-335.
② 张奇.学习理论[M].武汉：湖北教育出版社，1999：164-174.
③ 高文.建构主义与教学设计[J].外国教育资料，1998，27(01)：24-27，66.

到解决理论和现实问题的教学活动中，并与同伴协同完成教学任务。在这一过程中，学生通过观察与内省获得知识和技能，掌握问题解决的思路与方法，并不断丰富和完善自我的情感、态度和价值观，实现知识、情感、态度和能力的自我建构，完成自我成长和超越。因此，自主学习理论为多元混合教学模式的应用提供了一定的理论依据。

二、多元混合教学模式创新的理论研究基础

混合教学模式的理论研究的具体时间可以追溯到2005年前后，从那时起，理论界开始对混合教学模式着手进行研究。之后关于混合教学模式的理论研究经历了一个缓慢增长的态势，直到2015年前后，理论研究进入急速上升的阶段，最近五年则出现了井喷的研究态势，理论研究成果丰硕。但是，从内涵看，理论研究中关于混合教学模式主要限于两种教学模式的混合，那就是“线上”和“线下”。而关于多元混合教学模式的理论研究则是从2017年前后才开始，研究成果也不多，在中国知网上以“多元混合教学模式”为篇名进行检索，共检索到22篇论文，但是未检索到中文核心期刊论文。理论界关于相关问题的研究成果为本课题的研究提供了坚实的理论基础。

（一）对多元混合教学模式的内涵进行研究

理论界对多元混合教学模式的内涵进行界定，并将之与传统教学模式相比较，阐明多元混合教学模式的优势。如何克抗教授认为，所谓Blended Learning（混合式教学）就是要把传统学习方式的优势和E-Learning（即数字化或网络化学习）的优势结合起来；也就是说，既要发挥教师引导、启发、监控教学过程的主导作用，又要充分体现学生作为学习过程主体的主动性、积极性与创造性。[①]理论界对多元混合教学模式的认识主要限于线上教学模式与线下教学模式的混合使用，即教学活动借助网络资源和平台实现与传统线下教学过程的互相补充，在充分发挥教师的

① 何克抗.从Blending Learning看教育技术理论的新发展[J].国家教育行政学院学报，2005(09):37-48,79.

积极性的基础上发挥学生的主观能动性，激发学生学习的内在动力。同时，多元混合教学模式的基本内涵随着信息技术和网络技术的变化而有所不同：早在2000年前后，理论界对混合教学模式的理解囿于传统教学与数字化教学的混合，即在传统教学的基础上实现互联网远程在线学习；随后随着互联网和信息技术的不断发展，尤其是移动互联网的出现，线上教学模式日益突破时间和空间限制，并且随着优质网络教学资源和平台的出现，线上线下多元混合教学模式的具体内涵也在不断丰富中。

（二）对多元混合教学模式的优势展开研究

理论界普遍认为，多元混合教学模式有效地弥补了传统线下教学模式的不足，如互动性不足，学生主体性发挥欠缺，受时间空间的限制较多等缺点。多元混合教学模式充分发挥网络化和信息技术的优势，可以有效激发学生的学习兴趣，平衡师生之间的关系，共享丰富的教学资源，等等。如学者张勇斌等认为，“混合教育模式最大的优势就在于‘线上’与‘线下’学习模式的自由转换。……提高学生的学习效果，促进学生全面发展。”①

（三）对多元混合教学模式的某一类型展开研究

由于教学过程中选用不同的教学模式进行搭配，多元混合教学模式形成了诸多类型，理论界对这些不同类型的教学模式展开研究。如学者朱忆琳等基于“学生为主体，教师为主导，线上学习与课堂教学有机结合”的SPOC混合式学习理念与优势，探索和构建了会计双语SPOC多元混合教学模式，并将该教学模式应用于“财务管理”双语课程中，总结分析了SPOC多元混合教学模式的实施效果与反馈；又如学者刘永华、杨松提出，MOOC与线下TBL相结合的多元混合教学模式，具有以学生为中心，能提高学生学习的积极性、主动性，还能激发学生的团队协作性、创新性的优势，并对这一多元混合教学模式在兽医免疫学教学中的运用进行了设计和

① 张勇斌，张亚洲，齐元胜，李欣.“以学生为中心”混合教学模式的探索与实践[J].包装工程，2020，41(S1)：119-123.

评价等。这些研究成果为多元混合教学模式的研究和运用提供了理论指导和现实借鉴，丰富了相关研究。

（四）对具体学科课程教学中运用多元混合教学模式相关问题进行探讨

这类研究成果丰硕，如学者张玉双从大学英语听说课混合教学模式构建的背景出发，对大学英语听说课混合教学模式构建要点进行探讨；①又如学者申哲民等通过探索以“线上虚拟仿真实验、慕课教学与线下传统教学、翻转课堂、线下实验、课后辅导”等多元教学模式，对环境毒理学系列课程进行了多元混合教学模式的改革与实践；②等等。这些对具体课程教学中运用多元混合教学模式的探索研究为多元混合教学模式在其他课程中的运用提供了具体案例，具有非常重要的现实借鉴意义。

总体来看，理论界对多元混合教学模式等相关问题的研究成果丰硕，研究水平较高，从期刊论文到著作，从一般到具体，从内涵界定到优势论述，以及如何运用等方面都有研究，研究内容较全面。但仍然存在深入和拓展的研究空间，深化相关研究，可为多元混合教学模式的改革创新及其科学合理运用提供理论基础。

第三节 教学模式创新在课程建设中的地位与作用

课程有广义和狭义之分，广义的课程是指学校为了达成培养目标而设置的学科总和及其进程与安排，是对教学目标、教学内容、教学活动方式的规划和设计，是教学计划、教学大纲等诸多方面的总和；狭义的课程是指某一门学科及有计划的教学活动的总和。无论是广义还是狭义的课程，实质上都是指学科知识体系、教学计划和一系列教学活动的总和。因此，教学模式创新不仅与课程建设关系密切，而且是课程建设的核心内容。

① 张玉双.大学英语听说课混合教学模式构建要点[J].长春师范大学学报，2021，40(11)：164-167.

② 申哲民，袁涛，程金平.多元互动混合教学模式的“环境毒理学”课程探索与实践[J].高等工程教育研究，2021(S1)：43-46.

一、教学模式创新是增强课程建设成效的根本途径

提高人才培养质量是学校的中心工作，而课程则是为了实现人才培养目标而设置的学科及其实施进程的总和。课程建设不仅关系着课程本身的质量，更是学校增强教学效果，提高人才培养质量的着力点。而教学模式是所有教学过程的总和，与课程相比较，教学模式的外延要小于课程的外延，课程不仅仅包括教学模式，还包括学科知识体系。要提高课程质量，推动课程建设和发展是根本途径。而课程建设则又是一项复杂的系统工程，需要多方面因素和力量共同努力才有可能实现课程建设目标。推进课程建设，除了课程本身的构成要素之外，还会涉及课程建设主体即教师，学科理论知识体系的载体即教材，以及对教学主体和教学过程进行管理的制度规范。因此，虽然从内涵看，课程与教学模式具有高度的重合性，但是从课程建设任务和内容看，教学模式改革创新是课程建设任务内容中的一个部分，是课程建设的核心内容，是增强课程建设成效的根本途径。因为加强课程建设的真正目的在于使课程适应社会发展的需要，增强教学效果，激发学生学习的积极性，培养符合社会需要的高质量人才。而课程建设内容中的师资队伍、教材、教学质量监控等内容建设效果最终都要作用于教学模式，进而作用于教学对象即学生，从而实现课程建设目标，提升人才培养质量。

（一）教师队伍建设通过教学模式改革创新彰显其成效

师资队伍是课程建设的重要主体，是课程建设成果的落实者，师资队伍建设是课程建设的重要任务和内容。师资队伍建设水平的高低最终要通过教学效果和人才培养质量来检验，而对教学效果和人才培养质量产生直接影响的因素则是教学模式。也就是说，师资队伍建设水平最终会通过教学模式的选择和运用水平而集中反映出来，最后作用于教学对象即学生。在课程建设中，为了提高师资队伍的整体素质，学校往往会通过培训、学历教育、工资福利制度改革、考核机制变革等方式促使教师完善理论知识体系，提高职业伦理水平，增强业务能力等，使教师能够适应社会发展的

要求，更重要的是符合人才内涵发展的需要。一般而言，教师队伍整体素质一旦提升，他们对教学理念、教学关系、教学内容以及教学方法等就会有新的理解和把握，对教学模式进行改革创新的思想动力就形成了。当原有的、旧的教学模式无法有效地实现教学目标时，高素质的教师队伍往往会通过教学模式的创新和完善，提高教学质量，从而更好地实现教学目标。因此，教师队伍建设的成效最终会反映在教学模式改革创新上，借助教学模式创新来增强教学效果。

（二）教材建设成效通过教学模式改革创新作用于教学对象

教材是学科知识体系的载体，是教学的重要依据和参考，是课程体系的重要一员，教材建设是课程建设的重要内容。教材是教师开展教学活动的重要依据，更是教师教学内容的重要载体。推动教材建设的目的就是通过学科知识体系的优化和更新，一方面使学科知识体系的结构表达更加符合课程目标，更有助于展现课程目标。另一方面，便于教师更加方便地理解教材内容，对教材内容进行加工，使之转化为教学内容体系，并且借助一定的教学模式的组织和实施，促进教学内容内化为学生的主观意识，最终表现为学生认知、观念和行为的改进和完善。教材建设的成效离不开教学模式的改革创新。因为教材本身不足以对大多数学生形成影响，必须借助特定的教学模式才能实现教育学生的目的。教师采用一定的教学模式，运用一定的教学策略和操作程序，将教材内容所要体现和反映的学科素养传递给学生，并且对学生的思想观念和行为产生影响，这样教材育人的功能才算实现了。离开一定的教学模式，教材内容永远只是内容，不会对学生产生影响。因此，为了适应社会发展的需要，加强教材建设是时代对课程建设提出的必然要求，更是课程建设的重要抓手。当教材建设取得了一定的成效，教材内容体系得以优化变得更加科学时，要真正发挥教材育人功能，唯有将教材内容作为载体落实到教学过程中。可以说，一定的教学模式是教材建设成效转化为教学效果的桥梁，更是催化剂。

（三）教学质量监控体系改革成果通过教学模式改革创新而发挥作用

完善教学质量监控体系是课程建设的重要目标，也是提高人才培养质量的重要途径和手段。教学质量监控的目的是监测教学过程和教学效果是否与教学目标一致，是否与课程目标一致，并通过追踪和反馈，对教学过程进行调整和完善，进而提高教学质量。同时，通过对教学质量监控结果的运用，可以对教师教学行为产生激励和引导作用，即鼓励先进，鞭策后进，从而形成你追我赶的教学氛围。正因为教学质量监控体系对教学过程具有调控作用，所以它对教师教学模式的选择具有引导作用。在教学实践中，要加强教学质量建设和课程建设，推进教学质量监控体系改革也是一个重要选择路径。一旦新的教学质量监控体系形成并且要在实践中推行落实，就必须有推行落实的对象。教学质量监控体系的主要任务是对教学过程开展全方位监测和追踪，教学模式就是其监测追踪的对象。教学质量监控体系作为整个教学过程的导向，也应该适应时代发展的需要，通过改革创新在人才培养上发挥积极推动作用。而教学质量监控体系改革创新成果只有落实在对教学模式的监控上才能彰显出来，也才能真正实现其育人的功能。总之，教学质量监控体系改革创新成果通过对教学模式进行监测，以教学监测指标体系和标准对教学模式进行评估，从而推动教学模式创新，进而增强教学效果，提高人才培养质量。可以说，教学模式改革创新是落实教学质量监控体系改革成效的根本且唯一的途径。

总之，加强课程建设的根本目的是提高人才培养质量，实质是增强教学的实效性。而加强课程建设的所有措施最终都会落到教学模式的改革创新上，如果教学和教学模式运行没有效果，任何课程建设都难有成效。同时，课程建设的其他内容始终都是围绕增强教学效果，服务于教学目标而展开的。教学模式改革创新是课程建设的重要支撑，是核心内容，是课程建设目标从设想向现实转化的根本途径，没有教学模式的组织和实施，一切课程建设的成效就无从谈起。说到底，没有教学模式的改革创新，就没有课程建设。

二、教学模式创新是课程建设的关键抓手

如前所述，课程建设是一项系统复杂的工程，推动课程建设会牵涉诸多因素，仅仅是课程体系内部的要素就包括课程理念、课程目标、课程内容（教材）、课程教学（教学模式）、课程资源等等。除此之外，还有诸多影响课程建设成效但是又存在于课程体系之外的因素，在此仅就课程体系内部要素展开论述。由于教学模式改革是课程建设的核心内容，其他要素变革创新的成效最终都要依托教学模式来实现和落实，由此也决定了教学模式创新是课程建设的关键抓手。

（一）教学模式创新推动教学理念的转变

理念是行为的先导。一般而言，教学模式创新的前提是教学理念的创新，没有教学理念的创新就没有教学模式的创新。教学理念的创新是基于社会发展对人才内涵提出新的要求，或者随着时代的发展，人们思想的日渐解放，在推进教育教学理论创新中形成了新的教学理念。一旦新的教学理念形成，必然就会成为教学活动的指导，推动着教学模式的创新。然而，历史和现实告诉我们，在创新这条艰辛的道路上只有少数人能坚持下来，大多数人仅仅是跟随者，在课程教学改革创新中同样如此。教育教学改革实践中，往往是少数教师先确立了相对先进的教学理念并推动教学模式创新，在取得相对成熟的经验后再推广。正是在经验的推广中，大多数教师被动地进行着教学改革创新的尝试，甚至一边对教学模式进行改革，一边学习新知识新理念，在认知和实践的相互作用下，才真正确立起先进的教学理念；在对新教学理念的深入理解中不断推进教学模式改革创新。正是在这个意义上说，教学模式创新推动着教学理念的转变，是教师创新教学理念的关键抓手。

（二）教学模式创新推动师生关系的变革

教学关系中最基本的关系就是教师与学生的关系。教学改革包括教学模式改革，实质是对师生关系的调整。在传统教学模式中，教师往往坚持

“教师中心”的教学理念，在教学中教师往往处于绝对中心地位，学生处于完全被支配的地位。随着社会的不断发展，人们对教育本质和规律的认识日益深刻，对师生关系的理解也更加深刻，由此也形成了新的教学理念。在新的教学理念的推动下，开启了教学模式的改革创新。在现代教学模式中，师生关系从过去的教师处于绝对中心地位逐渐转变为学生处于中心位置，从“教师中心”逐步向“学生中心”转变。如线上教学模式强调学生的主体性，而翻转课堂教学模式也是突出“学生中心”的地位。不同的教学模式往往反映的是不同的师生关系，推进教学模式创新意味着对教学过程中师生关系的变革和调整。目前在教学模式改革创新的推动下，师生关系总体发展趋势是走向平衡状态，即在教学过程，教师在坚持主导地位的前提下充分发挥教育引导作用，学生要在坚持主体地位基础上充分发挥参与教学的积极性，在学习中体现主动性、自觉性和创造性。教师和学生在教学中相互合作、相互配合、相互支持，实现教学效果的最优化。

（三）教学模式创新推动教学策略的调整

教学模式创新意味着教学活动及其展开程序的变革，特定的教学模式具有其特定的教学程序和教学环节，以贯彻相应的教学理念。如在传统的教学模式中，在以“教”为中心的教学理念的指导下，教学模式的特点必然是“满堂灌”，教学程序则是一眼望到底的“教师讲授理论”到“学生复习练习”再到“反馈巩固”等。在这一程序中，教学活动组织实施的条件也极其简单，一支粉笔一块黑板即可。随着教育事业的不断发展，这一传统的教学模式逐渐被改造甚至完全被淘汰，被符合当代社会发展需要的教学模式取而代之，如翻转课堂教学模式、线上线下教学模式、对分课堂教学模式，等等。教学模式变了，教学程序变得更加复杂，教学环节也更加丰富多样，教学活动组织实施的条件要求则更高，尤其是在同一个教学过程中使用多个教学模式的情况下，教学过程会变得更为复杂。为了更好地实现教学目标、强化教学效果，教师会根据教学环境条件和教学对象身心发展情况来设计教学策略，以适应创新的教学模式，促使教学活动有序和高效。

（四）教学模式创新推动教学质量监控机制的完善

通常情况下，教学评估机制与教学模式是相匹配的，而教学模式创新也应当引起教学评估机制的改变，唯有如此，才能清楚地掌握教学模式创新的效果如何，或者准确把握创新的教学模式运行效果如何。因为教学模式创新会不会给教学活动带来改变，会不会给学生带来改变，会带来什么样的改变，都要通过教学质量监控机制的运转才能知晓。教学质量监控机制要实现激励和引导作用，就必然要根据创新的教学模式去设计教学质量标准体系、监控指标体系、监测主体、方法和程序等。近年来，教学改革的总体发展趋势是日益重视系统性改革创新，即教学改革不再仅仅局限于单一元素的改革创新，如某一教学方法或者教学环节的创新，而是注重整个教学过程的改革创新，即教学模式创新。而教学模式改革创新推动着教学质量监控机制的改革，教学质量监控也要从过去的仅关注教学结果监测，转向教学结果监测与教学过程监测相结合，只有这样，才更有益于对整个教学过程施加积极引导，最终实现教学效果的最优化。

总之，教学模式创新推动课程体系其他要素的变革调整，并从根本上影响着课程建设的整体水平。推进教学模式创新会产生牵一发而动全身的效果，会推动其他要素的改革创新。可以说，教学模式创新是课程建设的根本抓手，抓住了教学模式创新就牵住了课程建设的牛鼻子。

三、教学模式创新是实现课程可持续发展的有效途径

正如上文所述，教学模式创新实质是课程教学的系统性变革，它不仅仅是某个环节的调整，也不仅仅是教学方法的创新，而是教学各构成要素的整体联动变革，是整个架构和活动程序的变革。教学模式创新会倒逼教学各构成要素的变革和自我更新，以适应教学模式创新，从而形成良性循环，实现课程可持续发展。

（一）教学模式创新会推动教师队伍的不断成长

教师是实现课程可持续发展的最活跃要素，也是最关键要素。教学模

式创新的主体是教师，教学模式创新说到底是教师的自我革命，是教师教学理念的创新，是教师使命感、责任感的充分体现，更是教师创新能力和教学能力的综合反映。教学模式创新会推动教师进行理论知识的全面更新和教学行为的调整。一方面，要推动教学模式改革创新，教师就必须进行全面自我提升，教师素质的全面提升是进行教学模式创新的基本条件。一般而言，能积极推进教学模式创新的教师，往往具有高度的职业责任感和使命感，并且善于反思教学过程中的问题。为了解决这些问题，在高度责任感和使命感的作用下，为了增强教学效果，更好地服务人才培养需要，教师就会对教学模式相关问题进行理论研究和实践探索，进而在克服各种困难和挑战中逐渐推进教学模式创新。另一方面，创新教学模式会敦促教师积极进行提升素质，在教学模式创新过程中不断反思和学习，从而实现教学模式创新与教师全面自我提升的辩证统一。还有一些教师，虽然主动创新的积极性不是很高，但是一旦参与到教学创新进程中来，为了顺利完成创新任务，也会寻求自我学习和培养的机会，从而实现自我素质的全面提升。因此，教学模式创新是促进教师队伍全面自我提升的有效途径。从职业角度看，教师提升自身的职业素养和业务素质的动力不仅来自于对职业的认同和职业社会意义的深刻理解，更是来自高度的责任感和使命感。教师在教学模式创新中无论是作为积极的推动者，还是被动参与的跟随者，都会在教学模式创新中增强职业责任感和使命感，从而发掘自身内在动力，积极全面提升自身素质。教师队伍综合素质的不断提升是课程实现可持续发展最活跃的力量。

（二）教学模式创新可以有效满足国家对人才培养质量的需要

促进课程建设，实现课程可持续发展的根本动力来自社会发展对人才素质的新要求。社会总是在不断发展变化之中，人们的观念在变，生产生活方式在变，对人才培养的质量要求也会不断提高。对处于社会大系统中的教育子系统来说，要跟上社会发展的变化，满足国家对人才培养的需要，就必须在教育教学理念、教育教学方式等方面不断进行改革创新。其中，教学模式创新是教学系统的整体变革，能够有效满足国家对人才培养的需要。教学模式创新的根本动因在于人才内涵和人才培养质量方面出现了新要求，而这又源于社会的发展进步。我国正处于飞速发展、万象更新的新时代，创新是社会发展的突出特点，也是社会发展进步的关键抓手。教育要跟上时代发展的需要，培养社会所需要的人才，唯有不断推进课程建设，推动教学模式创新。在特定的时代，对教学方法或者对教学某环节进行改革创新也是必要的，这对教学效果也会产生积极影响，但是终究解决不了教育教学中的根本问题，即人才培养的整体质量问题。推动教育教学发展，适应甚至引领人才培养需要，就必须不断推进教学模式改革创新，从而实现课程建设的可持续性。

（三）教学模式创新有助于课程建设成果的应用

在课程建设中，教学模式的创新是全面系统的变革，而教学模式创新成果能够广泛应用并且形成稳定有效的教学过程，不仅需要一支确立了与创新教学模式相一致的教学理念的教师队伍，而且必须有相应的教学质量监控体系的构建等，唯有如此，课程建设的成果才有可能得到广泛应用并固定下来，形成稳定的课程范式。因此，通常情况下，教学模式创新会引发教学质量监控体系的变革，相应教学质量监控体系的变革又会促进教学模式创新成果的应用和巩固。一种教学模式的创新应该是基于社会发展对人才培养提出的新要求，是符合国家对人才质量和内涵需要的。教学模式创新不仅意味着教学理念的创新，授课教师大量心血的付出，更是时代对教育的要求。然而，一种教学模式的创新成果虽然能够在课程组和授课教师的努力下确立和成熟，但是如果相应的教学质量监控体系包括教学评价体系未形成，那么新的教学模式很有可能无法实现可持续发展，课程建设取得的新成果也无法得到广泛应用和巩固，课程建设和发展便成了无源之水。因此，教学模式创新推动师资队伍不断成长，推动教学质量监控机制的不断改进完善，这都有助于课程建设成果的广泛应用，从而提升教学质量，增强教学效果。

第二章　高校思政课多元混合教学模式创新的内在逻辑

教学改革是一个常讲常新的课题。时代不同，社会对人才的质量和内涵要求也不同，满足人才培养的时代需要是推动教学改革的内在动力。思政课教学改革随着时代的发展从未中断过，尤其是在经济社会高质量发展的新时代，思政课教学改革创新更是如火如荼，从教学理念、教学方法、教学内容、教学媒介等方面全面展开，高校思政课教学改革更是如此。当今世界面临百年未有之大变局，国内国际局势相互交织，意识形态斗争日益激烈，形势变得异常复杂。作为对新时代青年进行思想政治教育的主渠道和主阵地，作为落实立德树人根本任务的关键课程，高校思政课唯有不断改革创新，才能应对新时代人才培育面临的新挑战。尽管高校思政课改革创新取得了一系列成效，但是，仅仅推进某个环节、某个方面的改革不足应对复杂严峻的新挑战。教学模式改革是教学体系更为深刻更为系统的改革，也是提高教学质量，增强教学效果的直接有力的手段。可以说，推进高校思政课多元混合教学模式创新，是应对新时代新挑战的必然要求。习近平总书记在学校思想政治理论课教师座谈会上指出，当前形势下，办好思政课，要放在世界百年未有之大变局、党和国家事业发展全局中来看待，要从坚持和发展中国特色社会主义、建设社会主义现代化强国、实现中华民族伟大复兴的高度来对待。[①]这为我们研究高校思政课教学模式创新提供了思路指导。本章围绕国际国内发展的时代背景，从经济发展、意识形态斗争、人才竞争和思政课现实情况等方面论述高校思政课多元混合教学模式创新的内在逻辑。

① 思政课是落实立德树人根本任务的关键课程[N].光明日报，2020-09-01(01).

第一节　高校思政课多元混合教学模式创新是适应经济高质量发展的需要

教学模式创新是时代发展的内在要求，更是人才培养目标的直接表达。不同时代，因为人才培养目标不同，对教学模式改革创新的要求也有所差异，但是总体发展趋势是日益多元化。高校思政课教学模式也呈现多元化发展趋势，从过去的单一教学模式，发展到今天的多种教学模式混合使用。纵观新中国成立以来高校思政课教学模式发展的历程可知，高校思政课教学模式创新是适应经济发展的需要，高校思政课多元混合教学模式创新更是新时代经济高速增长转向高质量发展的必然要求。

高校思政课采用何种教学模式组织开展教学，会受到诸多因素的影响，其中，社会经济发展状况是决定性因素。任何一种教学模式的运用，都会对教学环境条件提出要求，如相应的教学理念是否跟得上，相应的教学手段和工具是否具备，相应的体制和机制是否具备，以及家长是否支持，等等。在这些条件之中，有些是物质硬件设备，如教学手段等是直接受社会经济发展水平制约的；而其中的软件，如教学理念、体制机制等同样受到社会经济发展状况的影响。一般而言，社会经济发展水平高，人的思想解放程度就较高，教学理念更新相对较快，反之则较慢。总体来看，社会经济发展状况一方面决定着高校思政课的性质，即“培养什么人”和“为谁培养人”的问题，另一方面则决定着高校思政课教学方式方法，即“怎样培养人”的问题。随着我国社会主要矛盾的转变，我国经济从高速发展阶段进入高质量发展阶段，经济高质量发展对高校思政课改革创新提出了新要求。

一、经济高质量发展对高校思政课教学模式改革提出新要求

任何创新活动都是建立在一定经济基础上的，经济发展实践是创新的源泉之一，为观念创新、理论创新、制度创新、技术创新等提供客观现实基础。教育的性质取决于经济基础，要为经济基础服务。高校思政课是教育体系中的重要课程，是立德树人的关键课程，是服务经济基础、服务统

治阶级意志和利益的不可或缺的课程体系。我国是中国共产党领导的社会主义国家，高校思政课的本质就是马克思主义意识形态的灌输，为广大人民群众的意志和利益服务，集中反映人民群众的意志和利益。新中国成立以来，社会发展到不同阶段和水平，人们的社会需求也会发生阶段性变化，对教育的要求也会改变。在经济发展的推动下，教育创新包括高校思政课改革创新成为历史的必然选择。

我国经济高质量发展对人才提出新要求。2017年12月，中央经济工作会议作出了“中国特色社会主义进入了新时代，中国经济发展也进入了新时代，基本特征就是经济已由高速增长阶段转向高质量发展阶段”的重大论断。①经济的高质量发展，意味着高质量的供给、高质量的需求、高质量的配置、高质量的投入产出、高质量的收入分配和高质量的经济循环目标的实现。而这些目标的实现过程就是推进经济体制改革创新的过程，是一个对全面发展的高质量的人才不断提出需求的过程。不仅如此，经济的高质量发展必然引起社会、文化、生态等领域的发展，牵动理念、观点、战略调整，是关系我国发展全局的时代变革。高校要为社会培养人才，要为市场培养人才，经济高质量发展目标的确立不仅为高校人才培养树立了价值目标，而且对高等教育包括高校思政课提出了创新人才培养的要求。在时代大潮面前，如果我们的思政课教学仍然固守单一、僵化的教学模式，就很难担起立德树人的大任。那么，如何培养高质量的全面发展的人才？推进高校思政课多元混合教学模式创新是重要途径。多元混合教学模式的创新，使大学生在教学过程中实现理论知识的掌握、实践能力的锻炼和综合素质的培养的辩证统一，成长为有理想有本领有担当的时代新人，在经济高质量发展中担当大任。

二、经济高质量发展为高校思政课多元混合教学模式改革提供新动力

改革开放四十多年，我国经济从高速增长阶段进入高质量发展阶段，意味着我国经济将发生质的改变，逐步实现绿色、平衡、可持续的发展，

① 叶小文.深刻理解中国特色社会主义进入新时代[J].前线，2018(03)：22-25.

从追求“量”的阶段转向突出“质”的发展阶段。这一成就的取得，正是一代代中国人不断锐意进取，勇于改革创新的结果。我国经济从高速增长阶段进入高质量发展阶段充分彰显了时代精神的核心——改革创新精神。经济高质量发展既是我国经济发展所处的阶段，也是我国在这个阶段所要实现的目标。要全面实现经济高质量发展的目标，完成时代赋予的历史使命，实现民族复兴伟业，高质量的全面发展的人才就成为不可或缺的战略资源。

我国经济高质量发展为高校思政课多元混合教学模式创新提供了精神力量。新时代的大学生置身于实现中华民族伟大复兴的时代潮流之中，应当以时代使命为己任，增强改革创新意识和本领，勇做改革创新的实践者，将弘扬改革创新精神贯穿于实践中，体现在行动中。高校思政课不仅是弘扬改革创新精神的主渠道，而且是践行改革创新精神的重要途径。一方面，作为落实立德树人根本任务的关键课程，在教学实践中弘扬改革创新精神是高校思政课的重要任务，让学生领略改革创新精神的精髓，掌握改革创新精神的科学内涵和重要意义，从而培养学生的创新意识，激发学生的创新热情。另一方面，在弘扬改革创新精神的同时，高校思政课还必须做锐意改革、创新进取的实践榜样，借助现有的各种教学资源，创新多元混合教学模式，不仅要着力传授先进的理论知识，更重要的是锻炼大学生的创新能力和实践能力，培育和践行社会主义核心价值观，让大学生成为全面发展的、具有深厚家国情怀的时代创造者。因此，推进高校思政课多元混合教学模式创新是继承和弘扬改革创新精神的重要实践探索，更是顺应我国经济高质量发展对高质量全面发展的人才的需要。在多元混合教学模式创新实践中让学生真正感受改革创新带来的变化，从而实现在增强思政课教学实效性的同时，让学生成为改革创新的实际参与者和体验者。

三、经济高质量发展为高校思政课多元混合教学模式创新提供理念根基

理念是指对事物的看法、观念和信念，教育理念是指对教育所能达到的目标、原则和方法等的看法、观念和信念。教学理念是教育理念在教学

活动中的具体体现和反映，教育理念对教学理念进行统领。作为观念形态的教学理念源于社会实际，反映客观实际，是客观实际的理论升华。社会发展阶段不同，社会对人才培养的需求不同，对教学要求也就不同，教学理念随着社会的发展而创新发展，并呈现一定的演变规律。如改革开放前，我国在相对封闭的社会环境中，主要沿袭了传统的教学理念，即“教是中心”“教师是主体”“学生是客体”的教学理念，同时在教学过程中又兼具新社会的新风尚，如追求师生关系的平等和民主。正是在这一教学理念的主导下，高校思政课的主要教学模式就是课堂上的理论讲授模式，即“教师讲—学生听”的教学模式。虽然在课堂教学过程中，教师会采用各种教学方法，以活跃课堂气氛，激发学生学习兴趣，或检测学生学习状况，但总体来看，教学模式相对单一，不利于学生自主个性的培养。

改革开放后，经济发展加速，西方一些先进的观念随之传入我国，人们的思想日益解放，观念更新也在加速。在经济领域成长起来的一些观念如个性、权益等价值观念也随之进入教育领域，进而对教学工作发挥着影响，并推动着教学改革，教师的教学理念也随之发生变革，从过去强调“教师中心”的阶段，过渡到“教师与学生并重”的阶段。这一时期，理论界开始研究“主体间性”的问题就集中反映了教学理念上的这种变化。高校思政课教学模式也开始发生转变，即从过去的以“教师讲—学生听”为主的教学模式逐渐转化为“教师讲—学生听”和“学生讲—教师听”的“主体间性”阶段。也就是说，这一阶段在重视教师主体性发挥的基础上也强调学生主体性的发挥。

进入21世纪，我国经济发展日益向好，综合国力稳步提升。但是经济领域也存在发展不平衡、不协调，能耗高，环境污染严重等问题。为此，在科学发展观的指导下，国家开始推动经济结构转型改革，逐步确立了经济发展的先进观念，如以人为本、绿色环保、平衡协调等。同时，经济领域的这些先进观念也被引入到教育领域，随着我国教育领域的改革继续推进，高校思政课教学创新也如火如荼地进行着：教学理念日益现代化，强调学生的主体性的发挥，重视培养学生的自主性和创造性，“学生中心”的教学理念逐渐确立。高校思政课教学改革创新开始突出师生互动、发展学生的各种能力、强调目标导向等，如这一时期高校思政课主要形成了“三三六”教学模式[①]、“271高效课堂”教学模式[②]、“对分课堂”教学模式[③]、“翻转课堂”教学模式[④]等，都凸显了学生在教学过程中的主体性，强调师生互动。

近年来，我国经济实力不断增强，科技发展迅速，尤其是信息技术和网络技术的发展迅猛，不仅为高校思政课教学模式创新提供了扎实的物质基础，而且打破了观念上的时空限制，形成了多种类型的多元混合教学模式，教学模式呈现多元化发展趋势。可以说，我国经济高质量发展为高校思政课教学模式创新提供了新理念的源泉，而教学理念的创新则为多元混合教学模式创新提供了方向。

第二节　高校思政课多元混合教学模式创新是迎战意识形态斗争的需要

当今世界正经历新一轮大发展大变革大调整，大国战略博弈全面加剧，国际体系和国际秩序深度调整，人类文明发展面临的新机遇、新挑战层出不穷，世界正经历百年未有之大变局。世界百年未有之大变局，对高校思政课改革创新既是机遇，也是挑战。说是机遇，是因为在这场大变局中，中国不惧各种困难，敢于进行伟大斗争而日益崛起，不断印证中国特色社会主义道路、制度、理论和文化的优势，这给高校思政课教学模式创

① “三三六”教学模式，强调学生的自主参与，教师发挥指导作用。其中的第一个“三”是指这一模式的三个特点，即立体式、大容量、快节奏；第二个“三”是指该模式的三个模块，即预习、展示、反馈；“六”则是指六个教学环节，即预习交流、明确目标、分组合作、展示提升、穿插巩固、达标检测。每节课要求教师讲解时间不超过10分钟，学生自主学习时间超过35分钟，因此，这一教学模式又称为“10+35”模式。

② “271高效课堂”教学模式，突出学生的能力培养，践行“自主、合作、探究”教学理念，目的就是实现从知识学习转变为能力培养。“271”主要包括两种内涵：一是学习内容上，20%的知识学生自主学会，70%的知识合作学会，10%的知识老师教会；二是课堂时间分配，课堂45分钟大概按照2:7:1的比例分成三份，即10分钟、30分钟和5分钟。

③ “对分课堂”教学模式，强调学生自主学习和个体学习，重在培养学生的自主学习能力和创新性思维。“对分”即把课堂时间分成两部分，一部分给教师，一部分给学生，以讨论的方式进行学习。

④ “翻转课堂”教学模式，强调学生自主学习能力的培养，学生在课前或课外观看教师的视频讲解，从而实现自主学习，教师不再占用课堂时间讲解理论知识，课堂成为教师与学生互动的场所，从而更加有效地实现教学目标。

新带来新思路和新内容。说是挑战，是因为这场大变局对人才素质内涵提出了新要求，而人才培养的外部环境因素则日益复杂多变且不确定性因素日益增多，这对高校思政课教学模式改革提出了更高的要求。

近年来，中国经济发展成为全球经济增长的主要动力，国际力量对比也在发生深刻调整，推动国际经济、科技、文化、安全、政治格局出现重大变化，推动全球治理体系出现深刻变革，西方垄断国际事务的局面难以为继，新兴市场国家和发展中国家的国际地位和话语权不断提升。在这种情况下，以美国为首的西方国家为了维护其霸权地位，继续攫取世界财富，正在利用他们的舆论武器对我国进行全方位的攻击和抹黑，在意识形态领域更是这样。习近平总书记强调："经济建设是党的中心工作，意识形态工作是党的一项极端重要的工作。"[①]能否做好意识形态工作，事关党的前途命运，事关国家长治久安，事关民族凝聚力和向心力。高校思政课是对大学生进行思想政治教育的主阵地，是落实立德树人根本任务的关键课程，理应积极迎战，为国家意识形态安全作出新贡献。

一、西方国家利用其媒体优势大力推销他们的意识形态

自冷战以来，以美国为首的西方国家在世界各地大力推销所谓"普世价值"，企图以最小的代价维持其世界霸权。对社会主义国家更是无所不用其极，一面大力推销渗透西方的意识形态，一面攻击抹黑社会主义意识形态，企图达到"不战而屈人之兵"的战略意图。冷战结束后，西方国家将意识形态斗争的矛头聚焦我国，尤其是党的十八大以来，随着我国综合国力日益增强，国际影响力日渐扩大，针对我国民众推销所谓"普世价值"尤其卖力，运用各种途径、渠道和手段，掀起了一波又一波的"普世价值"热。他们言必"普世价值"，把不坚持"普世价值"的国家和人民塑造成"全球公敌"。

西方国家在推销其意识形态上有着先进的传播工具和大量资金的投入。从全球看，美国对网络空间基础设施以及关键技术的应用处于绝对优势地位，他们拥有全球最先进的网络舆论传播工具，互联网全球的根服务

① 胸怀大局把握大势着眼大事 努力把宣传思想工作做得更好[N].人民日报，2013-08-21(01).

器绝大多数掌握在美国手上，美国基于网络基础设施的绝对优势建立了一个拥有完整产业生态系统的完整网络。同时，美国自身又具有完备的网络宣传战略和策略。美国网络安全战略覆盖范围包括防御、监控、塑造三个不同层次的目标。这三个目标，最基础的“防御”关注如何确保敏感信息与数据、关键系统、节点、基础设施处于安全状态；“监控”侧重掌握网络空间的信息和数据流动，网络司令部提出的“积极防御”可以在网络空间甚至是物理世界里，对美国国家安全可能面临的潜在威胁进行越境攻击；“塑造”则着重关注培育一个有利于美国的全球网络空间①，目的在于以最小的代价实现其战略意图。美国之所以这样做，凭借的就是他们在网络空间近似全频谱的实力优势，这种实力优势，不仅来自美国政府，还来自美国垄断性的“八大金刚”②，来自美国情报机构风险投资基金培育的企业如火眼，来自美国旋转门机制塑造的研究机构如曼迪昂特公司。③同时，美国还拥有世界上先进的网络服务公司和平台，如推特、脸书等等服务平台，以及掌控着核心技术的电脑操作系统。资本大鳄为了维护自己的切实利益，往往不惜投入大量资金，一方面投资各种网络舆论传播公司，为自己造势做宣传，甚至无中生有；另一方面花重金资助所谓的“智库”，将有利于自己的、捕风捉影的“论据”包装成由与自己没有利益联系的“第三方”发布的“科学”信息，从而为自己的利益服务。

以美国为首的西方国家在宣传其意识形态时善于设置议题，充分发挥其塑造舆论的能力。美国对全球舆论空间包括其国内的民间舆论，都具有强大的议程设置能力，以及以战略沟通为主要特色的舆论塑造能力。西方国家对控制话语权的重要性有深刻认识，又有长期控制、引导国际国内舆论的经验和技法，如善于制造舆论议题、引导舆论方向，将他国民众不知不觉引向他们所希望的方向，从而达到他们不可告人的目的。近几年来，在叙利亚问题、乌克兰问题、新冠疫情溯源、网络安全攻击、国际贸易战

① 沈逸.美国网络空间霸权的三大支柱[EB/OL].[2022-03-22].https://net.blogchina.com/blog/article/2198333.

② “八大金刚”是指美国IT行业的思科(Cisco)、IBM、谷歌(Google)、高通(Qualcomm)、英特尔(lntel)、苹果(Apple)、甲骨文(Oracle)、微软(Microsoft).

③ 沈逸.沉着应对美国网络安全新攻势[J].中国信息安全,2014,54(06):72-73.

等问题上，以美国为首的西方国家不仅通过各种官方的、半官方和民间的大型媒介平台设置舆论议题，引导舆论方向，而且操纵微信、网页新闻、微博等媒介的舆论导向，甚至利用部分“大V”的影响力来充当他们的“喉舌”，兴风作浪，混淆是非，从而实现其既定目标。

以美国为首的西方国家善于把自己包装成“公正、自由、民主”的形象，以此达到其不可告人的目的。为了提升其软实力，以美国为首的西方国家利用自身的舆论媒体优势，借助各种形式把自己打造成“公正、自由、民主”的代言人，向全世界推销他们的意识形态。借助影视作品传播他们的价值观，输出美国文化。美国影视作品中常见的角色形象就是美国英雄，在世界遭受重大自然灾害或者来自宇宙的灾难时，一个“爱好和平、自由、民主、亲民”的美好的美国人形象就会出现，以此实现“无意识”地推销他们的价值观念的目的。通过广播报纸向全世界讲美国故事，输出美国价值观，如美国广播公司、CNN、《华盛顿邮报》、《纽约时报》等，向全世界传播美国声音，甚至为达到自己的目的，不惜通过谎言来塑造美国“公正”的美好形象，如在叙利亚劣迹斑斑的“白头盔”组织，“洗衣粉事件”等丑闻，美国政府勾结民间组织以“和平”“公正”之名行其恶毒之目的。

以美国为首的西方国家意识形态的传播对我国主流意识形态安全形成巨大挑战，带来重大安全风险。在这种情况下，高校思政课必须应对这种挑战，创新多元混合教学模式，向青年学子充分揭露以美国为首的西方国家及其意识形态的虚伪性，建立起意识形态安全的坚固防火墙。

二、敌对势力对我国主流意识形态的消解活动日益张狂

以美国为首的西方国家在大力推销其意识形态的同时，还极力抹黑攻击我国的意识形态，策动各种敌对势力对我国主流意识形态进行消解活动，企图达到“不战而胜”的目的。敌对势力对社会主义中国的攻击由来已久。今天，随着中国日益崛起，敌对势力仍抱着冷战思维不放，把中国的崛起视为对以美国为首的西方世界霸权的威胁和挑战。他们利用其掌握的媒体宣传优势，鼓吹所谓“民主自由”，并恶意抹黑中国共产党的形象、

国家形象和政府形象，离间中国共产党、中国政府和人民之间的关系。敌对势力对中国的意识形态攻击抹黑行为会随着中国的持续发展而日益张狂，如果对其听之任之，势必危及国家安全。

境外尤其是以美国为首的西方敌对势力对中国主流意识形态进行攻击抹黑的主要借口即所谓的“民主、自由和人权”。从支持“藏独”，到以“强迫劳动”和“人权”为幌子抹黑新疆棉花，进而以此为借口制裁相关公司和个人。从这些事件中我们可以清楚地发现：以美国为首的西方敌对势力为了自身的霸权，不择手段，罔顾事实，颠倒黑白的丑陋形象暴露无遗。西方各大媒体利用舆论煽动舆情，攻击中国政府和人民，如美国国际广播局（IBB）、德国之声（DW）、英国广播公司（BBC）等西方媒体在香港“修例风波”问题上都扮演了不光彩的角色。西方媒体不仅戴着有色眼镜看待中国发生的一切，而且“驰名双标”，就以应对新冠疫情情况为例：2020年初，新冠疫情在武汉发生后，我国在第一时间采取了“封城”举措来阻止疫情扩散，最终国内疫情得以控制。随后，意大利疫情严重，学习中国的成功抗疫经验，采取中国式“封城”。针对两国“封城”这一相同做法，美国《纽约时报》在相隔短短两周后发表的两篇文章的观点却截然不同：第一篇批评中国的“封城”策略给人民的生活与自由带来巨大损失，第二篇则赞誉意大利的做法为其他国家树立了榜样。境外反华媒体对中国的“有色眼镜”本质上是为西方政治利益服务的媒体“专业化”行为。[①]俄乌冲突中，美国政府不仅多次要求中国选边站队，[②]而且威胁中国要遵守反俄制裁，[③]并且动用媒体力量对中国进行“舆论围剿”，企图榨干他们眼里的俄乌冲突价值，不仅将自己这个制造俄乌冲突的罪魁祸首的身份甩锅中国，[④]而且企图达到孤立中国的目的。从一系列舆论事件的发生

① 毛欣娟，黄世欣．网络意识形态安全视阈下外媒反华案例研究[J].云南行政学院学报，2021，23(06)：116-127.

② 刘柳．美国要求中国选边站，中方回应：我们一向站在和平正义一边[EB/OL].[2022-02-25]. https://news.bjd.com.cn/2022/02/25/10047267.shtml.

③ 白宫：中国不遵守反俄制裁可能招致美国的报复措施[EB/OL].[2022-03-08].https://news.china.com/international/1000/20220308/41579399.html.

④ 李庆四，孙绍燕．美国北约将俄乌战争甩锅中国目的何在[EB/OL].[2022-04-01].https://china.chinadaily.com.cn/a/202204/01/WS624654f7a3101c3ee7ace766.html.

及其演变进程看，境外尤其是以美国为首的西方敌对势力希望借助媒体形成特定舆情从而达到颠覆中国社会主义政权的企图一直没有放弃，甚至随着中国的日益崛起变得更加歇斯底里和无所不用其极。

境外敌对势力以经济、军事、科技硬实力为后盾，对中国进行意识形态渗透，对我们党和政府形象进行诽谤抹黑，目的在于遏制中国的发展，颠覆中国社会主义政权，以谋求维持其世界霸权地位，根源在于资本主义社会资本不断追求剩余价值的本性。这对我国的主流意识形态建设和发展带来极大风险，形成了极大挑战。面对以西方发达国家敌对势力为主的大规模的主流意识形态的渗透和消解活动，高校思政课必须要做出反应，创新多元混合教学模式，用高质量的教学揭露西方敌对势力的丑恶嘴脸和本质，提高青年大学生的政治鉴别力，自觉抵制西方意识形态渗透，增强主流意识形态安全意识，维护国家安全。

三、国内错误社会思潮对我国主流意识形态形成侵蚀风险

在意识形态的斗争中，风险不仅来自于国外，有时境外敌对势力与境内敌对势力相勾结，借助错误社会思潮，侵蚀瓦解主流意识形态的文化基础和核心价值观基石。如果错误社会思潮形成的势力与国外敌对势力里应外合，最后堡垒被从内部攻破的可能性就会出现。因此，要认真对待国内兴起的各种社会思潮，分析研究各种社会思潮的性质和影响，揭示各种错误社会思潮的本质和危害，加强对青少年的教育影响和舆论引导，增强青少年鉴别能力。在批判各种错误社会思潮中，高校思政课理应不能缺席。

错误社会思潮是指与我国主流意识形态所坚持的价值观根本对立，对我国主流意识形态带来侵蚀风险的社会思潮。主流意识形态反映统治阶级的意志和利益，是为现存政治权力服务的上层建筑的核心组成部分，错误社会思潮的任意传播危害国家政权安全。如苏联解体的原因之一就是西方民主社会主义错误社会思潮的泛滥，在苏联内部出现了一大批崇尚西方政治价值观的人。当前，社会中仍然存在各种错误社会思潮，如历史虚无主义、文化虚无主义等，都是通过否定中国优秀传统文化、革命文化，攻击、抹黑、诽谤民族英雄，从而实现否定中国共产党和中国特色社会主义

道路的企图。又如“宪政主义”“普世价值”“新自由主义”等错误社会思潮鼓吹西方意识形态和价值观，否定中国主流意识形态。这些错误社会思潮主要通过社交网络进行传播，混淆青年大学生的视听，对缺乏鉴别能力的广大少年儿童的危害尤其大，给我国主流社会意识形态安全带来风险。

错误社会思潮对大学生的中国特色社会主义道路认同形成侵蚀风险。中华人民共和国成立后，虽然在社会主义建设和发展的道路上经历过各种波折，但是取得的成就也是有目共睹的，尤其是改革开放以来，我国综合国力显著增强，国际地位不断提升。实践证明，中国特色社会主义道路是实现社会主义现代化的必由之路，是创造人民美好生活的必由之路，是实现中华民族伟大复兴的必由之路。中国人民对中国特色社会主义道路的认同来自于中国特色社会主义的伟大实践，实践告诉我们，中国特色社会主义道路是带给中国人民幸福生活的康庄大道。但是随着意识形态领域的斗争日趋激烈，一些错误的社会思潮试图否定中国特色社会主义道路，其中影响较大的是宪政主义和“普世价值”社会思潮。“普世价值”社会思潮将西方资产阶级的价值观念装扮成“全人类共同的价值追求”，将以美国为首的西方意识形态鼓吹为人类的最高文明，是人类的终极价值追求。显然，“普世价值”思潮旨在否定中国特色社会主义道路，意图将我国的发展道路引向资本主义轨道。“普世价值”思潮具有极强的迷惑性、虚伪性和危害性，一旦传播开来，会引起思想混乱，从而对大学生的中国特色社会主义道路认同带来侵蚀风险。

错误社会思潮对大学生的中国特色社会主义理论认同形成侵蚀风险。马克思说：“理论在一个国家实现的程度，总是取决于理论满足这个国家的需要的程度。”[①]在中国特色社会主义理论的指导下，我国在经济、政治、文化、社会、生态等各方面都取得了开创性的成就，人民生活品质大为提升，获得感和幸福感不断增强。实践证明中国特色社会主义理论体系是指导中国特色社会主义事业建设和发展的科学的理论体系，是立足中国国情，适应时代发展要求，提供问题解决方案的科学社会主义。在社会发展的过程中出现了一些错误社会思潮，如“个人主义”社会思潮，其从人

① 马克思恩格斯选集：第一卷[M].北京：人民出版社，2012：11.

性自私的理论假设出发，将抽象的人看作社会的基本单元，认为人的一切行为出发点和落脚点都是自己。尤其是“极端个人主义”社会思潮，在个人与社会的关系上，认为社会是手段，个人是目的，社会为个人而存在，将个人与社会割裂开来，对立起来，妄图以此否定中国特色社会主义理论体系，否定中国的社会主义市场经济体制。马克思主义从现实的社会关系出发理解人，辩证地看待个人利益与社会利益之间的关系。“各个人的出发点总是他们自己，不过当然是处于既有的历史条件和关系范围之内的自己，而不是意识形态家们所理解的‘纯粹的’个人。”①“个人主义”社会思潮用抽象口号将个人对正当利益的追求说成是自私，容易使不明“个人主义”社会思潮本质的人们产生思想混乱。这对大学生的中国特色社会主义理论认同带来侵蚀风险。

错误社会思潮对大学生的中国特色社会主义制度认同形成侵蚀风险。自古以来，世界上并不存在一种适用于一切国家的制度模式，即使是今天的资本主义世界，不同的国家其制度模式也是多种多样的。一个国家的制度只有立足于本国国情才有生命力，照搬照抄终究会“水土不服”，贻害无穷。中国特色社会主义制度是中国共产党领导中国人民立足中国国情，在长期探索中确立形成的，是人民的选择、历史的选择，更是中国发展进步的根本制度保障。然而，一些错误社会思潮，如“宪政主义”社会思潮、“新自由主义”社会思潮则以西方的制度模式为标准和尺度，对中国特色社会主义制度进行攻击抹黑。“宪政主义”社会思潮鼓吹西方自由主义的意识形态，赞美西方的多党制和议会制等，并以此否定中国特色社会主义制度，迷惑人们的思想认识。“新自由主义”社会思潮鼓吹彻底私有化，认为私有制才符合人性，因而效率高，是市场经济的唯一基础，反对公有制，主张完全市场化，反对国家对经济的宏观调控。“新自由主义”社会思潮还极力攻击我国国有企业，主张取消所有制分类，不分国有、私有和外资。“新自由主义”社会思潮的本质是在经济上实行资本主义私有制，意在掏空中国特色社会主义制度的经济基础，企图“自然而然”地在中国实现私有化和全盘西化。这对大学生的中国特色社会主义制度认同带

① 马克思恩格斯选集：第一卷[M].北京：人民出版社，2012：199.

来侵蚀风险。

错误社会思潮对大学生的中国特色社会主义文化认同形成侵蚀风险。“中国特色社会主义文化，源自中华民族五千多年文明历史所孕育的中华优秀传统文化，熔铸于党领导人民在革命、建设、改革中创造的革命文化和社会主义先进文化，植根于中国特色社会主义伟大实践。”①中国特色社会主义文化是以马克思主义为指导，扎根于中华优秀传统文化、革命文化和社会主义先进文化，是全体中国人民的精神基因，更是激励全国各族人民不懈奋斗的强大精神力量。一些错误社会思潮企图对中国特色社会主义文化进行攻击瓦解，实现“不打就倒”的企图，如“历史虚无主义”社会思潮就是典型的这种社会思潮。“历史虚无主义”社会思潮否定、丑化中国特色社会主义文化，诽谤攻击中华优秀传统文化和中国革命英雄。近几年来，敌对势力利用网络和部分“大V”进行所谓的“历史揭秘”，他们打着所谓“学术研究”“还原历史真相”“重新认识历史”等旗号，诽谤中伤中华民族英雄，矮化中华文明，以此否定中国特色社会主义先进文化，企图侵蚀人们对中华优秀传统文化的认同，掏空中国人的精神家园，实现“不打就倒”的目的。

第三节 高校思政课多元混合教学模式创新是应对国际人才竞争的需要

世界正经历百年未有之大变局，随着中国的崛起，以美国为首的西方国家不仅在经济、科技、政治上围堵中国，而且在人才上也与我国展开争夺。如特朗普担任美国总统期间，不仅开启贸易战打压中国，而且改变移民和留学政策，采取限制来自中国的STEM（Science、Technology、Engineering、Mathematics四个单词的首字母组合）领域人才的发展，限制中美间科技交流等扼制措施，这些扼制的本质都是人才争夺。英国在2020年7月提出设立国家“人才办公室”，设立3亿英镑基金支持各类研发机构，开放了无限额的“全球人才签证”，推出超常规的人才新政，不要求申请者

① 习近平.决胜全面建成小康社会 夺取新时代中国特色社会主义伟大胜利——在中国共产党第十九次全国代表大会上的报告[M].北京：人民出版社，中国盲文出版社，2017：62.

来英前就有工作机会，简化一切繁文缛节，大力延揽全球最优秀的科学家、研究人员和企业家。[①]目前我国面临的“卡脖子”的困境本质上仍然是高素质人才困境。以美国为首的西方国家对中国的围堵不会停止，这已经成为他们的既定战略。因此，全球竞争中的核心竞争是人才竞争，白热化的人才争夺战将成为常态，我国人才战略目标的实现将会面临巨大挑战。

一、高素质人才是实现中华民族复兴伟业的战略资源

治国经邦，人才为急。在世界百年未有之大变局中，世界多极化遭遇挑战，以美国为代表的一些发达国家不愿失去国际体系的主导权和控制权，频频通过其垄断的金融、科技权力遏制发展中国家，调整国际经贸规则以保护自身利益。国际经济政治格局变幻不定，全球性治理议题日趋复杂，全球性危机此起彼伏，不断挑战人类社会。在这场世界范围内的激烈竞争中，谁获得了科技领域的领先地位，谁就成为这场竞争的胜利者。具有后发优势的中国所面临的这一切为我国转向高质量发展阶段，实现科技和产业发展的新跨越提供了新的重大机遇。然而，随着我国综合实力的日益崛起，以美国为首的西方国家无所不用其极，全方位围堵扼制我们，尤其是在高科技领域，对我国进行全面封锁和打压，甚至不惜动用国家力量，采用减损自身国际信誉的无底线手段对我国科技人才进行挤压和迫害，使我国的科技发展面临着更加严峻的形势。科技是第一生产力，人才是根本，中国要在世界百年未有之大变局中逆袭而上，彻底打破西方对我国科技及产业的封锁，根本解决之道还在于高素质人才。

人才的来源无非两条路径，一条是自己培养高素质人才，另一条是吸引全球高素质人才为中国工作，其中自己培养是基本路径。而大学生则是我国高素质人才的基础储备人才。新时代，助力中国梦的人才内涵仍然有两方面，即德才兼备，其中“德”的培养是思政课的核心任务，而在今天这个纷繁复杂的世界，如何培养“德”则是值得不断探讨的重要课题。推进高校思政课教学模式创新正是应对国际人才竞争白热化的需要。因此，

① 陈丽君.如何迎接新一轮全球人才竞争[N].光明日报，2021-02-21(07).

为了促进大学生对理论知识的掌握，不断锻炼提升实践能力，树立崇高的理想信念，培植深厚的家国情怀，利用先进的网络信息技术和现有的各种教学资源和条件，推进高校思政课多元混合教学模式创新就成为时代呼唤。

二、人才的思想政治道德素质是国际人才竞争走势的重要杠杆

我国在校大学生规模已经达到四千多万，是我国宝贵的人才资源，更是各级、各类人才的培养源。高校专科毕业、本科毕业和研究生毕业的基础人才资源库，是各类、各级、各领域人才的基础来源，更是各领域高端人才的基础。可以说，在国际人才争夺战中，大学毕业生是争夺的主要对象。高端人才能否为国效力，取决于是否具备两方面的因素，一是人才工资福利待遇和发展机会，二是人才的思想动机和家国情怀。人才工资福利待遇和发展机会，是现实条件，具有相对稳定性，要想有所改善，需要一定的时间，这与是否有人才资源支撑也直接相关。而人才的思想动机和家国情怀则是一个可变量，家国情怀深厚，则现实条件在人才资源聚集中的影响力和重要性会大幅度降低，反之，则凸显现实条件的重要性，甚至是决定性。进入新时代以来，我国综合实力虽然处于持续增强中，但是与发达国家，尤其是与美国相比，还存在一定差距，尤其是在工资福利待遇和工作条件方面的差距还较普遍。在这种情况下，要想在与以美国为首的西方发达国家人才争夺战中胜出，就必须在人才培养过程中强化思想政治教育，着重培养他们的理想信念和家国情怀，树立社会主义核心价值观，忠诚于祖国和人民。高校思政课是落实立德树人根本任务的关键课程，是培养一代又一代社会主义建设者和接班人的主阵地，作用不可替代。大学阶段正是大学生世界观、人生观和价值观确立的关键时期，在他们学习各种理论知识和掌握各种技能的同时，注重社会主义核心价值观教育，把他们塑造成全面发展的人才。只有把下一代教育好、培养好，从学校抓起、从娃娃抓起，才能为中华民族千秋伟业提供源源不竭的人才资源。

要培养好大学生，不仅要促使他们学习专业技术知识，增强各种能力，而且要增强他们为实现中华民族伟大复兴而奉献和牺牲的意愿，成长

为有理想有本领有担当的时代新人。习近平总书记指出，教育的根本问题是要解决培养什么人、怎样培养人和为谁培养人的问题。思政课是落实立德树人根本任务的关键课程，推进思政课多元混合教学模式创新，就是要全面落实立德树人根本任务，增强思政课教学的实效性，实现为党育人、为国育才的历史使命，使我们的大学生真正成长为有志气、有骨气、有底气的新时代青年。推进思政课多元混合教学模式创新，最根本的就是要全面贯彻党的教育方针，宣传好党的路线方针政策，提高传播马克思主义理论的能力和水平，进一步坚定中国特色社会主义信念，培养社会主义核心价值观，使我们的时代新人都能和国家、人民站在一起，积极为人民服务，为中国共产党治国理政服务，为巩固和发展中国特色社会主义制度服务，为改革开放和社会主义现代化建设服务，始终扎根中国大地，成长为德智体美劳全面发展的社会主义建设者和接班人。唯有如此，在这场国际人才的争夺战中，中国才能成为最终的胜利者，从而造福世界人民。

三、高校思政课多元混合教学模式创新是落实立德树人根本任务的关键之举

人是生产力中最活跃的要素，人的素质和潜能在经济社会发展中不断得到锻造和挖掘，经济社会的发展对人的素质不断提出新要求。一方面，不同历史时期，生产力发展水平不同，社会对人才素质的要求也不同；另一方面，不同历史时期，生产关系的内涵也有差异，社会尤其是统治阶级对人才素质的要求也不同，这导致人的思想道德素质的具体内涵在不同的时代会有差异，也决定了高校思政课教学目标、任务和内容会根据时代发展要求不断作出调整，而为了实现教学内容的内化和外化，就必然要求对思政课教学模式进行创新，以实现教学的预期目标。高校思政课是培养大学生的思想政治道德素质的主渠道，推进高校思政课多元混合教学模式创新是落实立德树人根本任务的关键之举。

人的思想政治道德素质的养成过程非常复杂，受到各种环境因素的影响，是各种环境因素综合作用的结果。在这些环境因素中，小到一本书、一个故事、一句话、一个眼神，大到家庭教育、学校教育、社会教育，甚

至国家关于加强思想政治工作的相关政策，都会对人的思想政治道德素质产生各种影响。在这些影响中，有些影响是积极的，有些影响是消极的，有些影响是有利于主流意识的形成和确立的，有些则与主流意识形态价值导向不一致，甚至存在冲突，等等。即使在学校内部，也存在着各种对学生思想政治道德素质产生影响的因素，在这些因素中，同样存在着性质各异的问题。在这些性质各异、影响不同的各种因素中，思政课则是关键因素，是对学生进行思想政治道德教育、培养学生思想政治道德素质的主渠道和主阵地，高校思政课也不例外。高校思政课对大学生思想政治道德素质的影响符合主流价值导向，是立德树人的关键课程。然而，来自国内外、线上与线下、校园内外等各种因素非常庞杂，对思政课的影响同样复杂，如果仍然沿袭单一教学模式，很难应对来自四面八方性质各异的影响。因此，为了强化教学效果，推进高校思政课多元混合教学模式创新就成为现实的必然。

第四节　高校思政课多元混合教学模式创新是解决教学改革困境的需要

改革开放以来，尤其是党的十八大以来，在党和国家的高度重视下，高校思政课教学改革取得了一系列成效，解决了发展过程中的一些问题，教学效果不断增强。但是，随着国内外形势的发展变化，如网络自媒体的兴起，高校思政课教学改革仍然面临着诸多困境，仅仅通过对教学方法和某些环节的改革不足以应对复杂情况，其与理想状态仍然有距离。正因为如此，习近平总书记在学校思政课教师座谈会上提出，推进思政课改革创新要坚持“八个统一”，以增强思政课的思想性、理论性、亲和力和针对性，这为推进高校思政课多元混合教学模式改革创新提供了根本遵循。

一、网络自媒体的迅猛发展给高校思政课教学带来冲击

网络自媒体的兴起，对高校思政课教学带来诸多冲击，需要通过教学模式改革创新来应对。

一是自媒体信息无中心化，信息复杂多样。网民具有二元角色，不再

仅仅是传统媒体中的受众，更是自媒体信息的发布者，所有网民都可以在网络上表达自己的观点，构建自己的网络社交。加上移动互联网的兴起，自媒体信息的发布和浏览可以随时随地发生，自媒体网络社交更加方便快捷。正是因为自媒体信息的无中心化特点，导致自媒体信息非常复杂，性质各异，有与主流价值观相一致的信息，也有与主流价值观相背离的信息。消极负面的信息必然对主流价值观产生侵蚀，对思政课所要弘扬的社会主义核心价值观也造成负面冲击。

二是自媒体具有鲜明的交互性。自媒体与受众的距离为零，与传统媒体相比，自媒体的受众无论是与媒体沟通交流还是受众之间彼此沟通和交流，都更加方便、顺畅，可以随时随地发生。有些自媒体为了吸引受众，增加流量，扩大影响，往往在自己的平台上给用户提供充分的分享、探讨、交流、互动等多元化体验，满足受众使用自媒体的各项需求。自媒体这种鲜明的交互性对于广大青少年而言无疑具有强大的吸引力。高校思政课不能无视更不能拒绝自媒体，而是要利用自媒体为自己服务，“互联网是当前宣传思想工作的主阵地。这个阵地我们不去占领，人家就会去占领……”①因此，当前亟须通过多元混合教学模式创新，借助自媒体这一先进手段和平台争夺青年大学生，将高校思政课建设成为青年大学生喜爱的主流价值观传播阵地。

三是自媒体信息传播方便快捷。自媒体的强交互性使得受众在接收到信息后更乐于、更迅速地将信息传播出去。同时，自媒体信息传播没有时空限制，传播更加方便快捷。现阶段的自媒体主要有微博、微信公众号平台、抖音、知乎等，受众在对自媒体发布的信息进行讨论的同时，就已经将信息传播开来，即信息在自媒体平台发布、讨论、传播几乎是同时发生的。自媒体信息传播速度之快给监管带来了巨大挑战，其中的消极信息必定给正在成长中且对新鲜事物充满好奇心的青少年带来消极影响。

四是自媒体信息内容呈碎片化。自媒体受众越来越习惯和乐于接受简短的、直观的信息，这是整个社会信息传播的趋势，而自媒体的出现正是迎合了这种趋势。浏览碎片化的信息令人更加轻松，但是它对人们理性思

① 习近平.习近平谈治国理政：第二卷[M].北京：外文出版社，2017：325.

维的培养却是不利的。青少年正处于思维发展的过程中，长期接触的信息如果都是碎片化的，不利于他们形成逻辑严密、善于推理的理性思维。

综上所述，网络自媒体所具有的信息传递的无中心化、方便快捷、强交互性、碎片化等特点，在给人们的生产生活带来便捷，满足人们各种需求的同时，也产生了一系列负面影响，尤其是对高校思政课教学效果造成了一定的冲击。当代大学生是一群天性活泼、思维敏捷、充满好奇心的青年人，他们是网络自媒体的当然主体，自然会受到自媒体信息的广泛而深刻的影响。网络自媒体上的一些负面碎片化的信息，不仅对大学生思想观念等产生错误引导，而且对大学生逻辑思维的形成也会形成消极影响。长期接触来自自媒体碎片化的信息，往往容易形成不善思考、不愿思考的思维模式，难以确立自己的独立判断，甚至让情绪主宰自己的行为选择，这样更容易受到一些负面信息的干扰。缺乏理性思维、被情绪所主宰的人往往又容易被网络碎片化的信息所引导和操纵，最终形成恶性循环。除此之外，自媒体信息传播迅速以及网络的隐匿性特点，对政府监管能力和水平也提出挑战，这更易固化自媒体负面信息对大学生的影响。因此，网络自媒体的迅速发展对高校思政课教学模式创新提出要求，而推进多元混合教学模式就是要利用网络自媒体的优势，为增强思政课教学的实效性服务，使思政课成为具有亲和力和针对性强的课程，一方面要占领自媒体这个重要思想教育阵地，另一方面要通过培育网络自媒体的正能量去引导更多的自媒体网民。

二、高校思政课教学创新的理论准备与实践探索尚不充足

改革开放以来，尤其是党的十八大以来，高校思政课教学改革进程不断向前推进，也取得了许多成果。但是受各种因素的影响，当前高校思政课教学改革主要集中在教学方法和手段、教学内容、教学媒介等某一方面内容，涉及教学模式改革的成果不多，尤其是实践层面的改革就更少。在中国知网以“多元混合教学模式”为“篇名”进行检索，只检索到20余篇文章，并且缺乏中文核心期刊论文。虽然以“混合教学模式”为“篇名”检索到的文章不少，但绝大多数论述的是“1+1”模式，即一种教学模式

混合另一种教学模式，如“线上+线下混合教学模式”。同时，在“混合教学模式”的创新中存在泛网络化倾向，即以“线上+线下”教学模式取代了混合教学模式，或者说，一讲到混合教学模式，人们误认为就是“线上+线下”教学模式。其实，这种借助网络实现的混合教学模式只是混合教学模式的一种。因此，推进高校思政课多元混合教学模式改革创新的理论准备还不充分，不足以对教学模式改革实践进行科学指导。

同时，高校思政课多元混合教学模式在改革实践中应用得就更少，无法有效增强高校思政课的“思想性、理论性和亲和力、针对性”。虽然教学方法和教学内容等改革在一定程度上有助于教学目标的实现，增强教学效果，但是不能从根本上改变教学关系，也就不能最大限度地实现教学目标。任何教学关系中基本关系就是师生关系，而教学方法或教学内容的创新只能对师生关系的某个方面或教学过程中的某个环节产生影响，不能对整个教学过程以至教学效果产生全面影响。而教学模式的改革创新是从教学理念到教学考核评价整个教学过程的改革，更是从深层次上调整师生关系的变革，能从根本上转变教学状态，充分实现教育教学目标。正因为如此，推进教学模式改革所需要具备的环境条件要复杂得多，实施改革创新的阻力就会更大，有来自教师自身的因素，也有来自制度规范层面的，还有的是来自技术手段层面。因此，无论从改革实践看，还是从推进改革实践本身的限制性因素看，高校思政课多元混合教学模式的实践探索都是鲜见的。

党的十八大以来，在党中央的高度重视下，在习近平总书记的亲自部署下，高校思政课教学模式改革创新工作取得了一些成效，教学实效性得到提升，但是教学模式单一的问题仍然存在。一些学校在思政课教学模式方面开始探索创新，如有些老师在理论讲授的基础上会充分利用互联网教学平台或客户端，推进线上线下相结合的教学模式改革探索，也有老师推进专题教学模式、“一体两翼”教学模式、“五位一体”教学模式的创新实践，这些教学模式创新探索给思政课带来了一些变化，为思政课改革创新进行了一些尝试。但是，总体而言，高校思政课教学模式仍然以传统的课堂理论讲授模式为主，即教师讲授，学生被动接受，又称为满堂灌模式，这是目前高校思政课所采用的最常见、最普遍的教学模式。

在国际国内形势发生了巨大变化的情况下，在教学对象是天然网民的情况下，仍然局限于传统的教学模式，教学吸引力自然会受到挑战，随之而来的就是教学效果问题。为了最大限度地增强教学的实效性，在推进思政课教学模式改革创新中，不仅要遵循教育教学的基本规律，考虑青年大学生的身心年龄特征，以及思想政治教育的规律，而且要结合社会环境的巨大变化，适应社会发展对人才培养的需求。在理论研究的基础上，不断总结经验，为进一步推进思政课教学模式改革创新提供理论指导，这是我们在推进高校思政课多元混合教学模式改革创新中需要继续坚持和深化的工作，进而为增强高校思政课教学的实效性提供能够普遍推广的教学模式。

三、高校思政课教学质量评价体系有待健全

高校思政课教学效果不尽如人意，与教学模式创新力度不够有直接关系。而教学模式创新力度不够，直接原因就是教师的创新积极性不高。而高校思政课教师推进教学模式创新的积极性不高，甚至没有积极性，又源于两方面困境：一是因为教学模式创新是一项系统性工作，难度高，挑战大，不仅对教师自身的业务素质和能力提出很高的要求，而且要求教师要具备很强的责任心和使命感；二是思政课教学质量评价体系和支持体系的缺乏，这是问题的根源。教学质量评价体系是教师教学行为的指挥棒，如果教师的教学行为已经发生了与时俱进的改变，而教学质量评价体系仍然沿袭过去的传统，则对教师教学改革的热情就形成了限制。从实际情况看，我国高校思政课教学质量评价体系仍然是基于传统教学模式设计的，在课程教学评价指标体系中鲜见“创新”指标，尤其是教学模式创新指标更是缺乏。质量评价体系犹如指挥棒，是调控教师职业行为的控制阀，一般来说，质量评价指标体系中的评价指标是什么，教师就会重视什么，如果质量评价指标体系中没有“创新”或者没有“教学模式创新”这一指标，那么教师就会缺乏创新教学模式的动力。

当然，教师即使有进行创新的意愿，尤其要进行教学模式这类系统性

的创新，如果没有学校层面的支持体系，这种创新也很难实现。因为教学模式创新，不仅仅是一种教育方法的运用，或者一个教学环节的改变，而是教学各要素系统联动过程的改变，需要多种因素参与其中，甚至需要学校层面从经费、政策以及考核机制等方面提供支持。如果这些支持缺乏，即使思政课教师有创新的意愿和积极性，也很难组织开展教学模式创新并使之持续，更何况是多种教学模式共同作用于同一个教学目标和教学内容的多元混合教学模式的创新实践。因此，高校思政课教学质量评价体系仍然建立于传统教学模式之上，而学校层面对高校思政课教学模式改革创新的重要性未有充分认识且缺乏支持体系，则是高校思政课多元混合教学模式创新的体制性困境。

四、高校思政课教师队伍素质参差不齐

要讲好思政课，对思政课教师的要求非常高，不仅要具备扎实的马克思主义理论功底，还要有马克思主义相关学科的理论知识，如历史学、法学、伦理学、哲学等学科的知识；不仅要掌握相关的理论知识，还要懂得相应的科学方法；不仅要懂得如何讲好理论知识，还要关注国际国内政治经济发展形势，了解社会各个领域发生的大事件及其走势；不仅要关心学生遇到的问题，还要关注社会热点问题；等等。而高校思政课教师队伍的实际情况却不尽如人意。一方面是因为一些高校专职思政课教师队伍规模不足，为了应对教学任务，只能聘用兼职教师来上思政课，所以，高校思政课教师队伍中兼职思政课教师占有一定的比例。另一方面，有些高校思政课教师编制不足，尤其是以往“欠账”太多，现阶段为了补充师资队伍，招聘时的标准要求就会放宽，这导致部分新任职思政课教师专业素养存在先天不足的问题。同时，师资队伍在年龄结构上出现了扁金字塔结构，即年轻教师多，中年教师偏少，导致教师年龄结构不合理，梯队建设存在断层风险。这些问题的存在，不仅会影响思政课教学效果，更重要的是会迟滞思政课改革创新进程。如思政课的性质及教学目标决定了思政课教师要具有广泛的理论知识，因为要讲清楚一个问题往往需要很多交叉学科的知识，才能把问题讲生动、讲清楚、讲明白、讲透彻。而部分教师理

论素养不够，教学吸引力就缺乏；有部分思政课教师人文社科理论功底不够扎实，导致思政课就变成简单地宣读国家的路线方针政策，对理论的阐述也是照本宣科，没有较好地将教材体系转化为教学体系；还有的思政课教师把高校思政课完全等同于中小学的思想品德课，讲授的内容过于浅显。存在的诸如此类的问题是高校思政课教学模式改革在师资队伍上的困境。

总而言之，推进高校思政课多元混合教学模式改革创新，是一项极其复杂的系统工程，不仅需要制度保障、教学环境条件保障，而且需要师资队伍保障。改革中的问题只能通过改革来解决，虽然在推动高校思政课教学模式创新中存在这样或那样的困境和挑战，但是高校思政课多元混合教学模式改革创新的脚步不能停止，仍需踔厉奋发，笃行不怠地推进。

第三章　高校思政课多元混合教学模式创新的现实条件

经过长期艰苦卓绝地努力，我国贫困人口如期实现全部脱贫，中国全面建成小康社会，开启了实现中华民族伟大复兴的新征程。中国进入发展的新阶段，高校思政课建设虽然面临诸多新挑战，但是也迎来了难得的发展机遇。中国特色社会主义进入新时代以来，党和国家高度重视思政课建设，出台了加强和改进思政课建设和发展的相关政策，提出了一系列相关举措，为推进思政课多元混合教学模式创新提供了政策环境条件。新中国成立以来，在中国共产党的领导下，中国人民用自己的辛勤汗水浇灌出了生活的幸福之花，尤其是改革开放以来，中国特色社会主义建设取得了巨大成就，这为高校思政课改革创新提供了日益丰富的教学资源和先进的技术手段。同时，与中小学生相比，大学生已经具备了一定的思想政治道德素质，一定的独立思考能力和批判性思维能力，这为推进高校思政课多元混合教学模式创新提供了主体条件。

第一节　高校思政课多元混合教学模式创新的政策条件

党和国家具有重视思想政治工作的优良传统。从新民主主义革命时期到社会主义革命和建设时期，从改革开放和社会主义现代化建设新时期到中国特色社会主义新时代，我们党历来重视思想政治工作，视思想政治工作为一切工作的生命线。习近平总书记指出："思想政治工作是我们党的优良传统和政治优势……面对新形势新任务，思想政治工作只能加强不能削弱，只能前进不能停滞，只能积极作为不能被动应对。"[①]思政课是党的

① 本书编写组.习近平总书记教育重要论述讲义[M].北京：高等教育出版社，2020：27.

思想政治工作的重要组成部分，是对大中小学生进行思想政治教育的主渠道和主阵地，是落实立德树人根本任务的关键课程。党的十八大以来，党中央、国务院对加强和改进思政课建设的重视程度前所未有，出台了一系列相关政策和举措，这为推进高校思政课多元混合教学模式改革创新提供了政策条件。

一、习近平总书记亲自谋划部署加强和改进思政课建设

党的十八大以来，党中央高度重视思政课建设，习近平总书记在多个场合对加强和改进思政课建设作出重要指示。2016年12月7日至8日，全国高校思想政治工作会议在北京召开，习近平总书记在会议上针对加强和改进思政课建设特别指出，要用好课堂教学这个主渠道，思想政治理论课要坚持在改进中加强，提升思想政治教育亲和力和针对性，满足学生成长发展需求和期待，其他各门课都要守好一段渠、种好责任田，使各类课程与思想政治理论课同向同行，形成协同效应。①这为高校推进思政课改革创新指明了方向，更为多元混合教学模式改革提供了新思路。2019年3月18日，习近平总书记主持召开学校思想政治理论课教师座谈会，并在会议上强调，思政课是落实立德树人根本任务的关键课程。办好思政课，最根本的是要全面贯彻党的教育方针，解决好培养什么人、怎样培养人、为谁培养人这个根本问题。为了增强思政课的思想性、理论性、针对性、亲和力和实效性，在这次座谈会上，习近平总书记指出，思政课建设要向改革创新要活力，并强调要在坚持"八个统一"中推进思政课改革创新。习近平总书记指出，办好思想政治理论课关键在教师，关键在发挥教师的积极性、主动性、创造性，对思政课教师提出了六个要求，即政治要强、情怀要深、思维要新、视野要广、自律要严、人格要正。②这是党的总书记第一次与全国学校思政课教师代表召开座谈会谋划部署思政课改革创新问题。这也说明党中央对思政课建设的高度重视，对思政课教师队伍建设的

① 习近平在全国高校思想政治工作会议上强调 把思想政治工作贯穿教育教学全过程 开创我国高等教育事业发展新局面[N].人民日报，2016-12-09(01).

② 思政课是落实立德树人根本任务的关键课程[N].光明日报，2020-09-01(01).

高度重视，增强了思政课教师上好思政课的信心。

习近平总书记不仅对加强和改进思政课建设指明方向，而且对加强和改进思政课的具体举措做出指示。2020年9月，习近平总书记在湖南考察时强调，要把课堂教学和实践教学有机结合起来，充分运用丰富的历史文化资源，紧密联系中国共产党和中国人民的奋斗历程，深刻领悟马克思主义中国化的内在道理，深刻领悟为什么历史和人民选择了中国共产党和社会主义，进一步坚定“四个自信”。①2021年3月的“两会”期间，习近平总书记在参加全国政协会议的医药卫生界教育界委员讨论时指出：“‘大思政课’我们要善用之，一定要跟现实结合起来。上思政课不能拿着文件宣读，没有生命、干巴巴的。”②习近平总书记深刻洞察思政课建设规律，他在不同场合对加强和改进思政课建设作出指示，高屋建瓴，揭示了思政课建设中的根本矛盾，见微知著，为高校思政课多元混合教学模式改革创新提供了行动指南。

二、中共中央、国务院出台相关政策文件推进思政课改革创新

为了加强和改进思政课建设，增强思政课建设成效，党的十八大以来，在习近平新时代中国特色社会主义思想引领下，党中央、国务院先后发布多个政策文件，推进思政课改革创新。这些政策文件从课程改革创新到师资队伍建设，从思政课程体系创新到马克思主义学院建设，从推进高校思政课改革创新到全国学校思政课改革创新，已经形成了推进加强和改进思政课建设的完整体系。党的十八大以来中共中央、国务院和教育部先后发布以下主要政策文件：较早的有教育部于2013年6月发布的《普通高等学校思想政治理论课教师队伍培养规划（2013—2017年）》，其中，对高校思政课教师队伍建设目标、师资队伍培养途径和措施、组织领导和实施等都做出了明确规定，为加强高校思政课师资队伍建设提供了政策保障。2015年7月中宣部和教育部发布了《普通高校思想政治理论课建设体

① 岳月伟，李学仁．习近平在湖南考察时强调 在推动高质量发展上闯出新路子 谱写新时代中国特色社会主义湖南新篇章[N]．人民日报，2020-09-19(01)．

② 杜尚泽．“‘大思政课’我们要善用之”（微镜头．习近平总书记两会“下团组”·两会现场观察）[N]．人民日报，2021-03-07(01)．

系创新计划》，其中对高校思政课建设体系创新的指导思想、基本原则、目标任务、重点建设内容等作出部署和安排，为高校思政课建设体系创新提供了政策方向。

党的十九大召开后，为积极应对国际国内形势的变化，党中央重视加强和改进思政课建设的步伐加快，尤其是在2019年和2020年出台相关政策文件的频率大幅度提升。2019年4月，为贯彻落实习近平总书记在学校思想政治理论课教师座谈会上的重要讲话精神，教育部再次发布了《普通高等学校思想政治理论课教师队伍培养规划（2019—2023年）》，对高校思政课教师队伍培养再次作出规划部署，为高校思政课教师队伍建设提出了具体规划要求。为了深入贯彻落实全国教育大会、全国高校思想政治工作会议、学校思想政治理论课教师座谈会精神，2019年4月，教育部发布了《普通高等学校马克思主义学院建设标准（2019年本）》，力求把马克思主义学院打造成为马克思主义理论教学、研究、宣传和人才培养的坚强阵地，使之成为办好高校思想政治理论课的坚强战斗堡垒。2019年8月，中共中央办公厅、国务院办公厅印发了《关于深化新时代学校思想政治理论课改革创新的若干意见》，在完善思政课教材体系，加强师资队伍建设，增强思政课实效性，以及加强党对思政课建设的领导等方面作出部署安排，并发出通知，要求各地区各部门结合实际认真贯彻落实。2019年9月，中共教育部党组又发布了《“新时代高校思想政治理论课创优行动”工作方案》，推动高质量办好新时代高校思想政治理论课。2020年1月，教育部发布《新时代高等学校思想政治理论课教师队伍建设规定》，对高校思政课教师的职责与要求、配备与选聘、培养与培训、考核与评价、保障与管理等问题作出了具体规定。2020年4月，教育部办公厅发布《深化新时代学校思想政治理论课改革创新先行试点工作方案》，就思政课改革创新先行试点工作作出具体明确安排，以推动整体提升学校思想政治理论课质量和水平。2020年12月，中宣部和教育部共同发布《新时代学校思想政治理论课改革创新实施方案》，从改革创新的基本要求、课程目标体系、课程体系、课程内容、教材体系建设、组织领导等方面对学校思政课改革创新作出了具体部署安排。至此，加强和改进思政课建设的政策体系已经形成和确立，在党和国家统一部署安排下，各地高校积极推进思政课改革创新，在师资队伍、教材、教学等方面开展创新探索，取得了一系列成效。这些文件的出台，也为高校思政课多元混合教学模式改革创新提供了系统的政策条件。

三、中央和地方为加强和改进高校思政课建设出实招

为了加强和改进思政课建设，中央和地方在思政课教师培训、学历提升、职称评审以及福利待遇等方面给予政策倾斜并加大经费投入，进一步增强了思政课教师的信心，提高了思政课教师的综合素质，为推进思政课改革创新提供了良好的人力资源。同时，在思政课学科建设、教材建设以及教学改革等方面加强管理。如近年来，为了加强思政课学科建设，全国哲学社会科学工作办公室增设了国家社科基金高校思想政治理论课研究专项，教育部也专门增设了高校思想政治理论课教师研究专项一般项目，有力地提高了高校思政课教师的学术水平。在教材建设方面，教育部要求所有思政课教材必须由国家统编，这不仅保证了教材的科学性，也确保了教材在意识形态上的安全性。在学科建设上，通过加强马克思主义理论学科建设，为思政课教学提供强有力的学理支撑，如提升马克思主义理论学科人才培养质量，构建和完善马克思主义理论学科本硕博一体化人才培养体系。中共中央宣传部和教育部明确提出，要“逐步增设马克思主义理论等本科专业，完善学士、硕士和博士三级学位人才培养体系”。为全面贯彻落实党和国家的重大教育部署，夯实马克思主义理论学习、研究和实践的根基，2018年，教育部批准中国人民大学等8所高校首批设置马克思主义理论本科专业，马克思主义理论本科专业教育步入新的发展阶段。这为高校思政课教学改革提供了学科基础。

与此同时，一些高校和地方政府也结合自身状况，在思政课教师队伍建设、学科建设、教学改革等方面加大力度，为推进思政课改革创新出实招。如江苏实施教师思想政治素质强化行动、高校主流思想舆论壮大行动等“五项行动”；吉林组建大学生马克思主义理论自学组织；北京大学成立了图书馆马克思主义分馆和国际马克思主义文献中心；北京师范大学每

月召开一次学院书记会；在上海交通大学，校长、中国科学院院士张杰坚持给学生上第一堂思政课；在东北师范大学，“四维并进、集成创新”等一批特色思政课教学法取得良好效果；等等。[①]又如北京市制定《关于全面加强北京高校马克思主义理论学习研究宣传的实施意见》，就马克思主义学院及学科建设、思政课改革和专职教师激励等制定有力政策；浙江省制定了《浙江省高校思政理论课改革实施方案》，推出了以改进课堂教学、提高教师素质、推进实践育人机制建设为重点的“双十”举措，出台了领导干部讲课听课等制度；陕西省委制定了省领导联系高校制度和领导干部上讲台制度，要求省级领导每年至少到高校作一次报告；清华大学实施“青年马克思主义者培养工程”，支持思政课教师赴境外研修交流等，不断深化青年教师对党的理论、国情社情和学校传统的认知认同；等等。[②]可以说，为了落实中央加强和改进思政课建设文件精神，全国高校和地方政府都在出谋划策，这些都有力地为推进高校思政课多元混合教学模式创新提供了良好的政策环境条件。

第二节　高校思政课多元混合教学模式创新的要素条件

新中国成立以来，尤其是改革开放以来，我国在经济、社会、文化、生态等各个领域取得了举世瞩目的成就。我国综合国力不断提升，国际影响力日益增强，科技创新能力也日益提高，这为高校思政课多元混合教学模式创新提供了新素材和新手段。在中国特色社会主义建设进程中，中华优秀传统文化不断得到传承和弘扬，成为中国特色社会主义文化的深厚底蕴，而中国革命文化则不断得以彰显，为中国特色社会主义文化奠定了红色基因，这为高校思政课多元混合教学模式创新提供了独特的文化基因和新思路。

① 赵婀娜，张烁．立德树人有道 春风化雨无声——党的十八大以来高校思想政治工作综述[N].人民日报，2016-12-07(01).

② 张烁，鞠鹏．把思想政治工作贯穿教育教学全过程——全国高校思想政治工作会议交流发言摘编[N].人民日报，2016-12-09(10).

一、综合国力日益增强为高校思政课多元混合教学模式创新提供了物质条件

教育水平往往由经济社会发展水平所决定。教育的基础设施、教职工的工资福利待遇以及教育的软件等都受到经济社会发展水平的制约。不仅如此，教育的投入还在一定程度上影响着教育的创新水平，进而影响着教育效果。因此，经济社会发展状况不仅决定着教育活动开展的物质条件，而且影响教育的质量和水平。同样，高校思政课教学活动的组织实施也受到经济社会发展状况的制约，通常情况下，经济社会发展水平高，思政课建设和发展的投入相应会增加，此时，创新不仅有了内在需求，而且具备了相应的物质条件。随着我国综合国力的不断提升，教育投入不断增加以及教育强国战略的实施，推动教育教学改革创新所需要的物质条件将会得到改善，这对高校思政课多元混合教学模式创新来说，意味着具备了新的物质基础。

社会主义革命和建设时期，我国在政治、经济、社会、文化、科技以及国防建设方面均取得了伟大成就，在教育领域同样取得了骄人的成绩，如我国的文盲率从新中国建立之初的80%下降到了改革开放之前的20%左右，培养的科技人才也从四万多人增加到四百多万人。但是相较而言，这一时期，由于遭到帝国主义的全面封锁，我国经济社会发展水平整体不高，无法满足教育发展方面所需要的投入支出，更难以支撑教育教学方面创新支出。因此，这一时期高校思政课教学模式创新有限。

改革开放以后，随着经济社会的不断发展，人们的物质生活水平不断提升，社会对教育的要求也在不断变化，这些促使教育必须通过创新来适应社会发展的需求。与此同时，在经济社会发展的基础上，国家对教育的投入日渐增加，这为教育领域的创新创造了现实条件。2010年，我国财政预算内用于教育的财政投资为2085.68亿元，比1990年增长408.27%；[①] 2019年，全国教育经费总投入为50178.12亿元，比上年的46143.00亿元增

① 王崇锦.中国教育投入与经济增长的关系分析[J].经营管理者,2021,574(08):82-83.

长8.74%。[①]2012年以来，国家财政性教育经费占国内生产总值比例稳定在4%以上。这也为加强和改进思政课建设提供了良好的经费条件。因为高校思政课教学模式创新正是在适应社会发展需要，在经济社会发展提供的现实条件基础上展开的。最近几年，一方面由于中央和国家的重视，另一方面由于国家综合实力的增强，教育投入的增加，高校思政课建设水平不断提升，改革成效明显，教学模式改革创新也日渐受到重视，有力地增强了高校思政课教学的实效性。

二、深厚的中华优秀传统文化和红色文化资源为高校思政课多元混合教学模式创新提供了新思路

坚定文化自信是实现中华民族伟大复兴的内在要求，没有文化自信和文化复兴，就没有中华民族的伟大复兴。中华民族在长期发展演变中积淀了深厚的优秀传统文化，这些传统文化包含着中华民族对自身和世界的深刻认识，为中华民族的生息、发展和壮大提供了强大的精神支撑和丰富的精神滋养，更是中国特色社会主义文化建设的活水源头。中华优秀传统文化重视整体利益，强调责任奉献，和而不同的包容精神，仁者爱人的人道主义，以及自强不息的拼搏精神等，为中华民族奠定了具有自身特色的精神基因。中华民族之所以能够绵延五千年，历经磨难，却能生生不息，至今仍然充满生机活力，最根本的原因就是深深植根于优秀传统文化中的伟大精神支撑和崇高价值追求。党的十八大以来，习近平总书记多次强调要传承和弘扬中华优秀传统文化，他指出："中华文明源远流长，孕育了中华民族的宝贵精神品格，培育了中国人民的崇高价值追求。自强不息、厚德载物的思想，支撑着中华民族生生不息、薪火相传，今天依然是我们推进改革开放和社会主义现代化建设的强大精神力量。"[②]中华优秀传统文化是中华民族的"根"与"魂"，"优秀传统文化是一个国家、一个民族传承

① 教育部 国家统计局 财政部关于2019年全国教育经费执行情况统计公告[EB/OL].[2020-10-28].http://www.moe.gov.cn/srcsite/A05/s3040/202011/t20201103_497961.html.

② 张烁，鞠鹏.习近平在会见第四届全国道德模范及提名奖获得者时强调　深入开展学习宣传道德模范活动 为实现中国梦凝聚有力道德支撑[N].人民日报，2013-09-27(01).

和发展的根本，如果丢掉了，就割断了精神命脉。”[①]“文化是一个国家、一个民族的灵魂。”[②]一个国家和民族如果丧失了根脉、丢掉了灵魂，就无法在世界上立足，更何谈成长与壮大。中国特色社会主义新时代，我们要将传承和弘扬中华优秀传统文化与涵养社会主义核心价值观、建设中国特色社会主义精神文明有机统一、紧密结合，不断铸就中华文化新辉煌。中华优秀传统文化是高校思政课的重要内容和媒介，丰富了高校思政课教学模式的创新思路和形式，为坚定大学生文化自信提供了坚实的文化基础。

在中华民族发展史上，中国共产党带领人民在革命、建设、改革进程中创造出丰富的红色文化资源，为中国特色社会主义文化奠定了红色基因。中国共产党人在波澜壮阔的革命斗争、社会主义建设和改革开放中孕育出了丰富的红色文化资源，淬炼了昂扬向上的红色文化，构筑起绵延不断的精神谱系。在中国大地上，红色文化资源十分丰富，类型多样，如革命历史事件、革命活动遗址与遗迹、革命烈士的墓碑或陵园、综合性的革命历史纪念馆、革命历史的口头与非物质文化遗产，等等，为我们学习传承红色文化提供了可视、可听、可追忆的载体，构筑起一座座历史的丰碑，更是取之不尽、用之不完的红色文化和革命精神的宝库。红色文化是我们宝贵的精神财富，更是要一代一代传承的红色血脉，是我们坚定“四个自信”的最好的营养剂。习近平总书记强调，“红色是中国共产党、中华人民共和国最鲜亮的底色”。[③]红色文化资源是高校思政课教学的重要内容，是高校思政课要传承和弘扬的红色精神，更为推进高校思政课教学模式创新提供了源源不断的动力。

中华优秀传统文化是中国特色社会主义文化建设的根基，红色文化资源则是中国特色社会主义文化建设的红色基因，它规定了中国特色社会主义文化建设的内涵，为中国特色社会主义先进文化发展提供了动力。高校思政课是传承中华优秀传统文化的重要渠道，是继承和发扬红色文化的重要阵地。中华优秀传统文化和红色文化资源既是高校思政课的重要教学内

① 习近平.习近平谈治国理政：第二卷[M].北京：外文出版社，2017：313.

② 习近平.习近平谈治国理政：第二卷[M].北京：外文出版社，2017：349.

③ 习近平.用好红色资源 赓续红色血脉努力创造无愧于历史和人民的新业绩[J].求是，2021(19)：4-9.

容，也是高校思政课创新的重要媒介。高校思政课创新要坚持中国特色社会主义文化的价值导向，以中华优秀传统文化和红色文化资源为载体和手段，从中华优秀传统文化中汲取文化养分，从传播和传承红色文化中坚定“四个自信”。与此同时，在推进高校思政课多元混合教学模式创新实践中，可以借助中华优秀传统文化和红色文化资源，为多元混合教学模式创新提供新理念、新思路，丰富教学内容，提供教学基地和方式方法。可以说，中华优秀传统文化和红色文化资源不仅规定着高校思政课多元混合教学模式创新的内容，而且为高校思政课多元混合教学模式创新提供新思路和新内涵。

三、新媒体为高校思政课多元混合教学模式创新提供了新手段

人类社会发展的历史就是一部人们认识世界和改造世界的技术不断更新、不断提高的历史。从人类社会早期的借助粗糙的工具和技术认识世界、用朴素的自然辩证法分析现实世界，到人类进入工业化社会后，人们认识世界改造世界的技术日渐先进和高效，科学技术不仅成为“第一生产力”，而且也日益成为人类社会发展的重要技术手段，被广泛应用到生产生活中。随着综合国力的不断增强，我国科技水平也日益提高，尤其是网络技术和信息技术的迅猛发展，为高校思政课教学模式改革创新提供了先进手段。

社会主义建设时期，由于我国经济社会发展水平相对比较落后，综合国力相对较弱，限制了科技的发展。能广泛运用到教育领域，助力教育教学改革创新的技术手段更是少之又少。在这种情况下，教育教学领域的创新包括高校思政课教学模式的创新空间相对不大。这一时期，相比于新中国成立前，虽然我国的教育取得了巨大成就，为社会各行各业培养了大批建设人才，但是总体看，教育的环境条件有限，高校思政课同样存在这样的问题。由于经费有限，技术手段缺乏，这一时期，高校思政课教学模式比较单一，常用的教学模式主要是课堂讲授模式。

改革开放后的新时期，我国经济快速发展，社会充满生机活力，人们的思想也不断得到解放，观念不断更新，教学理念也不断现代化。以此为

基础，高校思政课教学开始发生转变，从过去运用单一教学方法逐渐转向多元化，在以课堂理论讲授为主的基础上，不仅运用多种多样的教学技术丰富教学过程，而且采用其他教学形式与课堂讲授教学模式相结合，如开展形式多样的实践教学活动，强调学生获得知识的两种途径，即间接经验与直接经验的获得。同时，随着计算机和多媒体技术的出现，高校思政课教学开始受到多媒体、计算机、CAI课件、电化教育技术手段的影响。尽管如此，教学模式仍然未摆脱单一性特点，只是在以课堂理论讲授教学模式基础上采用了更多的教学方法、教学形式和教学环节，丰富了教学过程。

中国特色社会主义进入新时代，随着互联网技术的普及和迅猛发展，以及信息技术的异军突起，高校思政课教师利用计算机设备和互联网技术，借助各种网络客户端，对学生进行教育。虽然互联网技术为开展线上教学提供了手段，丰富了教学形式，有利于发挥学生的主体性，但是，总体看，这些手段运用的效率还不高，尤其是互动不充分，导致这些网络手段的功能发挥仍然是有限的。

近年来，互联网日益普及，同时借助数字技术和移动通信技术进行信息传播，形成一种新的媒体传播形态和环境。新媒体消除了传统传播媒介之间的障碍，以其独特的优势获得了迅猛发展。新媒体技术的普遍应用，使媒体能够以更加个性化的方式，针对特定人群，精准投放与之匹配的信息。与此同时，受众对信息资源的自主选择权大大提升，受众不再是被动的信息接收者，而是主动的信息选择者。具体来说，新媒体对青年大学生具有极大的吸引力，具有以下特征和优势：一是信息的海量化和碎片化，这些海量的碎片化的信息，一方面迎合了青年大学生快节奏的学习生活需要，也满足了人们打发碎片化时间的需要，另一方面，这些海量的碎片化信息给人们尤其是青少年逻辑思维的养成带来负面影响，如果长期沉浸在这种碎片化的信息之中，对于更深层次的社会问题的思考往往就会缺乏哲学根基；二是信息传播的交互性和即时性，这对于信息的消费者更具有吸引力，人们可以随时随地进行信息互动和信息分享，获取信息变得方便快捷，从而提高了信息处理的时效性；三是信息的表达和选择更具个性化，这更有助于实现人们对信息的个体差异性需求。新媒体所具有的这些特点和优势正是为青年大学生所寻求和青睐的。这为高校思政课教学模式改革创新带来挑战，但是更多的是机遇。

新媒体传播形态给思政课教学环境带来了翻天覆地的变化，如教师不再是知识的权威，因为网络信息满天飞，学生通过互联网就能获得他们想要的知识；又如新媒体在获得知识上能带给学生新奇体验，相比刻板的课堂教授，互联网更具吸引力。如何让我们的思政课变得更有趣，更有实效性，这是新媒体时代高校思政课教师必须思考的现实课题。在国家对教育投入不断提高的同时，移动互联网技术被广泛引入思政课教学中，“探究”“对话”“体验”“自主学习”“差异教学”“合作”“互动”“主题教学”等成为这个时期教学模式建构的关键词，“互联网+”成为思政课教学模式创新的常见形式，如线上线下教学模式、MOOC、SPOC、超星、雨课堂等都采用了先进的移动互联技术，为高校思政课教学模式创新插上了科技翅膀。

四、中国共产党带领人民艰苦卓绝地斗争取得的伟大成就为高校思政课多元混合教学模式创新提供了新素材

2019年3月，习近平总书记在学校思想政治理论课教师座谈会上强调，“办中国特色社会主义教育，就是要理直气壮开好思政课，用新时代中国特色社会主义思想铸魂育人”。[①]高校思政课教师要理直气壮地讲好思政课，需要具备很多条件，其中基础性的条件就是树立马克思主义信念，坚信中国特色社会主义，而具备这一条件的前提就是对中国共产党的奋斗历程要有正确的认识和深刻的理解把握。中国共产党，从一个南湖起航时不过50多人的小党，发展到今天拥有9000多万党员的世界第一大执政党，历经磨难，却始终走得坚定自信、一往无前。2021年正值中国共产党创立一百周年，中国共产党的一百年是奋斗的一百年，是牺牲的一百年，更是推陈出新不断创造的一百年。历经百年的沧桑巨变，在中国共产党领导全国各族人民的艰苦卓绝的奋斗下，中华民族实现了从站起来、富起来到强

① 习近平.思政课是落实立德树人根本任务的关键课程[J].求是，2020，(17)：4-16.

起来的伟大历史性飞跃，中国取得了举世瞩目的成就。

中国共产党改变了中国的面貌。1921年中国共产党成立，自此，中国革命的面貌就焕然一新。中国共产党团结带领全国各族人民，推翻了压在人民头上的帝国主义、封建主义和官僚资本主义三座大山，取得了新民主主义革命的胜利，并建立了中华人民共和国。新中国的成立结束了中华民族一百多年来被侵略、被奴役的屈辱历史，中国人民从此站起来了，成为国家的主人；新中国的成立结束了几千年剥削阶级的统治，结束了在帝国主义支持下的反动阶级的统治，结束了广大人民连最起码的生存权利都受到侵害的状况，人民的自由权利得到保障；中国共产党团结带领全国各族人民彻底改变了旧中国积贫积弱的状况，国家由贫穷落后逐步走向繁荣富强。独立、统一、民主、富强是过去中国近代历史上几代人所追求而没有实现的目标，在中国共产党的领导下，终于在中国大地上实现了这一切。中国共产党给中国带来的巨大变化为高校思政课教学模式创新提供了丰富的好素材。

中国共产党改变了中国人民的精神面貌。1949年9月21日，毛泽东在中国人民政治协商会议开幕词中豪迈地宣告："我们的工作将写在人类的历史上，它将表明：占人类总数四分之一的中国人从此站立起来了。"[①]中华民族从此不仅站了起来，而且人民生活日益改善，全国居民拥有的财富迅速增加，城乡居民生活从过去的一贫如洗，到实现温饱，再到全面小康，人民群众的获得感、幸福感前所未有。作为新时代的大学生，虽然没有经历过曾经苦难的生活，但是要记住国家和民族所遭受的一切。推进高校思政课教学模式创新，依托人民群众生活的变化等一系列素材，开展教育教学活动，让青年大学生能了解今天幸福生活的来之不易，从而增强道路自信，学会珍惜和感恩。

中国共产党为解决全人类问题贡献了中国智慧和中国方案。中国共产党带领全国各族人民经过艰苦卓绝的斗争，结束了近代以来中华民族任人宰割的历史，这不仅从根本上改变了中国，也极大改变了世界。占全球人

① 习近平.在中央政协工作会议暨庆祝中国人民政治协商会议成立70周年大会上的讲话[N].人民日报,2019-09-21(02).

口1/4的中国摆脱了半殖民地半封建社会，走上了社会主义道路，从根本上改变了世界政治格局，给被压迫民族反殖民统治、反帝国主义统治的民族解放运动以极大鼓舞。新中国成立以来，我国与广大发展中国家相互支持，为发展中国家提供力所能及的帮助。同时，中国是联合国创始成员国和安理会常任理事国，始终坚持和平共处五项原则，坚定维护以联合国为核心的国际体系，坚定维护以国际法为基础的国际秩序，一直在国际舞台上为广大发展中国家主持正义、公道，为维护世界和平与发展作出了巨大贡献。在中国共产党的带领下，中华民族不仅在解决国内问题上取得了彪炳史册的成就，而且也为国际治理和其他民族发展提供了中国智慧和方案。高校思政课就是要通过教学模式创新，将这些事实传递给新时代的大学生，从而促使他们不断增强“四个自信”，尤其是文化自信。

中国共产党团结带领全国各族人民所取得的伟大成就，为高校思政课教学提供了丰富的新素材。高校思政课的重要目标之一就是要向大学生说明：中国共产党为什么“能”，马克思主义为什么“行”，中国特色社会主义为什么“好”，从而坚定“四个自信”。中国共产党艰苦奋斗的一百年，团结带领全国各族人民取得的伟大成就正是解答中国共产党为什么“能”的标准答案，是回答青年大学生为什么要紧跟中国共产党走的有力证明。在推进高校思政课多元混合教学模式创新中，就是要运用各种方法，运用中国社会主义建设和发展取得的伟大成就，向大学生讲好中国故事，讲好中国共产党人的故事，为实现中华民族伟大复兴培养德智体美劳全面发展的社会主义建设者和接班人。

第三节　高校思政课多元混合教学模式创新的主体条件

教师和学生都是高校思政课教学的主体，但是这里所讲的主体是大学生。今天的大学生普遍是“00后”，具有求新求变的个性，善于和勇于接受新鲜事物。同时，经历小学、初中和高中阶段的思政课的长期学习，加上对社会现实有了初步了解和认识，大学生不仅具备了一定的思想政治道德修养，而且积累了一定的科学文化知识，形成了一定的批判性思维，这为推进高校思政课多元混合教学模式创新准备了主体条件。

一、大学生具备了一定的科学文化知识积累，为高校思政课多元混合教学模式创新提供了认知条件

人的思想品德的形成是一个漫长而且复杂的过程，其中，知、情、意、信、行是人的思想政治品德构成要素，它们相互独立，又相互作用，共同作用于人的思想政治品德的形成和发展。“知”是对思想政治道德的认识，是思想品德形成发展的前提基础，也是人们确定对客观事物的主观态度和行为准则的内在依据。“情”是人们对世界观、人生观、价值观、道德品质和行为的爱憎、好恶等情感态度，是进行道德判断时引发的一种内心体验，是道德行为选择的感性依据。“意”是人们在进行道德行为选择时所作的自觉努力，是在践行道德行为时所表现出来的一种毅力。“意”是人们进行道德行为选择和养成道德品质的杠杆。“信”是人们对思想政治道德相关理论知识和行为的坚信无疑，并且要求自己身体力行的一种精神状态。“信”意味着特定的思想政治品德的养成，接下来自然而然的就是相应的思想政治道德行为习惯的确立。一般而言，人的思想政治品德的形成发展虽然遵循知、情、意、信、行这样的顺序，但是也不尽然，有的人的思想政治品德的形成是从“情”开始的，也有的从“行”开始，各种要素之间相互作用，相互影响而形成特定的思想政治道德品质。

思政课教学目标是培养具有正确的世界观、人生观、价值观的社会主义建设者和接班人，在思想、政治和道德方面不仅要具有正确认知，更重要的是确立起正确的情感态度，直至形成符合要求的行为习惯。而人的思想政治道德品质的形成是一个知、情、意、信、行辩证统一的过程。对于大学生而言，在长期的中小学思政课教育教学的正确影响下，在思想、政治、道德等方面具备了一定的理论知识，基本确立起了正确的世界观、人生观、价值观，确立起了一定的政治立场和道德品质，这为推进高校思政课多元混合教学模式创新提供了认知基础，尤其是多元混合教学模式中的实践教学模式和探究式教学模式的创新需要学生具备一定的思想政治道德认知储备。但是总体看，大学生在思想政治道德品质方面仍具有一定的可

塑性，尤其是在核心价值观方面具有较强的塑造性，需要通过一系列的理论和实践等教学环节进行巩固和深化。

二、大学生具备了一定的批判性思维，为思政课多元混合教学模式创新提供了思维条件

所谓批判性思维，是指：第一，基于论据的逻辑性的、不偏颇的思考；第二，有意识地琢磨、反思性地审思自身的思维过程；第三，旨在更好地适应目标与情境的目标指向性思考。[①]批判性思维是一种不为感性和无事实根据的传闻所左右的能力。一切教育的最高境界都是培养学生自我教育的能力，通过教育的途径培养学生自我反思、正确看待自己和周围世界的能力。对于思政课，自我教育不仅是最终目的，而且也是一种方法。作为一种方法，自我教育是指在教育者的教育引导下，受教育者充分发挥主观能动性，把教育者提出的要求变为自身努力的目标的教育过程。自我教育的方法强调在教育过程中，既要充分发挥教育者的教育引导作用，又要充分发挥受教育者的自觉性和积极性，以求达到教育目标，从而实现教育与自我教育的辩证统一。作为教育的最终目的，一切教育都是为了教育对象能够实现自我教育，这是成功教育的终极目标。而自我教育的本质内涵就是具备批判性思维的能力。思政课更是如此，相较于其他课程，思政课更强调自我教育、自我修养能力的培养。因为，思政课教育教学过程本质上就是要将教育所传递的信息通过自我教育而内化为学生自身的思想意识，进而外化为行为习惯的过程，没有自我教育、自我修养的过程就没有思政课。思政课是思想政治教育的主渠道和主阵地，思政课一方面要大力采用自我教育的方式方法开展教学，另一方面要努力实现自我教育的终极目的，力争实现当大学生离开学校教育时，也能通过自我反思、自我教育使自己的思想、政治和道德素质发展始终保持在正确轨道上的目标。

批判性思维是基于充分的理性和事实，而非感性和传闻来进行理论评估与客观评价的能力与意愿。作为即将进入社会，成为社会建设和发展主力军的大学生，具备一定的批判性思维能力，是一个社会保持活力而又不

① 钟启泉.批判性思维：概念界定与教学方略[J].全球教育展望，2020，49(01)：3-16.

失秩序的重要基础。大学生具备一定的批判性思维能力，就会对于书本上的观点和教师在课堂上传授的理论有进一步探寻求证的好奇和动力，这就为引导他们进一步开展理论学习，或者通过实践活动来验证深化理论认知提供了方法基础。大学生经过长期的中小学校教育和思维训练，已经具有了一定的独立意识，形成了一定的批判性思维能力，对一些问题能够形成自己的看法和主张，能够自主地解决一些问题。与此同时，我们必须注意到，从大学生的身心发展的阶段性特点看，虽然大学生具备了一定的批判性思维能力，但是由于他们的知识欠缺系统性，加上阅历浅显，导致思维的广度和深度不够，所以在对一些问题进行批判性思考时，会出现片面的看法。

大学生具备了一定的批判性思维能力，为推进高校思政课多元混合教学模式改革提供了方法和思维基础。同时，在运用学生的批判性思维对相关理论和社会问题进行探讨和批判的基础上，推进多元混合教学模式创新，可以有效地训练大学生的批判性思维，提高批判性思维能力，为大学生将来建设国家和治理社会打好批判性思维基础。

三、大学生求新求变的个性为高校思政课多元混合教学模式创新提供了心理条件

今天的大学生大都是“00后”，他们是伴随着世界的巨大变迁、中国的崛起和互联网兴起而成长起来的一代；是具有开阔的视野、丰富的见识的一代；是最具有民族自豪感的一代；是可以平视世界的“后浪”；他们充满想象力，是极富创新力的一代。同时，当代大学生的思想比以往任何一代人更解放，思维极为活跃，在移动互联网迅猛发展的信息化社会，他们拥有更为便利的途径来拓宽知识面，接触各种新鲜事物。从大学生身心发展的阶段性特征看，大学生求知欲强烈，正处于对世界充满好奇，渴望探索未知世界的年龄阶段，思想活跃，接受新鲜事物的能力强，是新鲜事物的热衷者和追随者。因此，渴望创新和改变是今天的大学生的共同特质。然而，由于自身生活阅历不深，缺乏社会经验和社会实践的锻炼，一些大学生对许多复杂的社会问题的看法往往简单化、片面化，容易被别有

用心的人利用而误入歧途。他们对事物的复杂性认识不足，轻视理论思维和理论学习，辨别事物凭感觉和主观思维，对事物的诸多矛盾一时难以把握，容易产生偏激情绪，无法做到完全客观自主地认识事物和判断是非。认识上的偏差往往导致少数大学生思想上的困惑与迷茫、行动上的盲目与摇摆。

大学生强烈的求知欲是推进高校思政课多元混合教学模式创新的动力基础。大学生对未知世界的探索渴望，必然牵引他们不仅对教学内容、教学方法的求新求变，而且对教学模式也产生丰富多样的渴求。传统的课堂讲授教学模式，是当代大学生从小学一直到大学都在经历的教学模式，如果高校思政课教学模式仍然沿袭这一模式而且作为唯一模式，大学生很有可能产生“审美疲劳”，进而影响教学效果，这是其一。其二，新时代的大学生是伴随着信息化以及互联网飞速发展成长起来的年轻人，他们见多识广，生活在一个充满变革创新的时代，求新求变是他们对这个世界的基本认知。其三，高校思政课教学内容随时代发展而发展，内容日益丰富且与时俱进，本身就具备鲜明的创新特质。试想，充满创新特质的教学内容若仍旧用一成不变的老模式、老方法组织教学，就会出现教学内容与教学模式的失衡状态。因此，为了适应当代大学生在强烈求知欲支配下对教学模式变革创新的需要，应该积极推进高校思政课多元混合教学模式创新，运用新的教学素材，采用新的教学方法，改进教学程序，应用新的教学手段，在坚守根本政治立场和价值导向的前提下，满足当代大学生求新求变的教学需求，以增强教学实效性，引导大学生在求新求变中成长为更优秀的社会主义建设者和接班人。

第四章 “八个统一”是高校思政课多元混合教学模式创新的根本遵循

中国共产党不断根据时代变化和人才培养需要，加强和改进思政课建设，并积累了许多宝贵经验和规律性认识。中国特色社会主义进入新时代，面对新形势和人才培养的新需求，推进思政课改革创新面临着新的时代课题。为此，2019年3月18日，习近平总书记在学校思想政治理论课教师座谈会上指出，“推动思想政治理论课改革创新，要不断增强思政课的思想性、理论性和亲和力、针对性”①，并提出了“八个统一”，即要坚持政治性和学理性相统一，坚持价值性和知识性相统一，坚持建设性和批判性相统一，坚持理论性和实践性相统一，坚持统一性和多样性相统一，坚持主导性和主体性相统一，坚持灌输性和启发性相统一，坚持显性教育和隐性教育相统一。“八个统一”为新时代思政课改革创新指明了方向，提供了根本遵循。

第一节 思政课教学过程要素及其矛盾

过程是事物存在的基本状态，思政课教学过程是教师为了实现教学目标，根据学生思想品德形成发展规律和思想政治教育规律，对学生进行有目的、有计划、有组织地教育引导，促使学生产生内在的思想矛盾运动，以形成和提高其思想政治道德素质的过程。在思政课教学过程中，诸多要素参与其中，相互作用，相互影响，共同促进教学目标的达成。正是在相互作用的过程中，不同要素之间产生了矛盾，形成了思政课教学过程中特有的、本质的、普遍的联系及其矛盾运动的必然趋势。“八个统一”直面

① 习近平.思政课是落实立德树人根本任务的关键课程[J].求是，2020(17)：4-16.

思政课的八大矛盾和问题，运用矛盾分析方法深刻阐述了矛盾双方的主次关系、一般与个别关系、相互促进关系等。“八个统一”更是对思政课建设形成的规律性认识和成功经验的科学概括，是对思政课的重大问题和热点、难点问题的深刻回答，是对思政课教学过程规律的高度凝练。因此，要深刻、准确掌握“八个统一”的科学内涵，首先必须明确掌握思政课教学过程要素及其矛盾运动。

一、思政课教学过程的基本构成要素

思政课教学过程是由诸多要素相互作用而形成的一个不断发展的特殊过程，参与这一过程的基本构成要素有教师、学生、教学内容和教学方法，思政课教学过程的展开离不开这四个基本要素的相互作用。

（一）思政课教师

思政课教师，是指在思政课教学过程中为了达到教学目的而发挥主导性、创造性和前瞻性作用的人，即教育者。从思政课教师的职责和阅历经验看，思政课教师是思政课教学的主体，但又不是一般的主体，而是要决定思政课教学过程的目标、环节、内容、方法和策略的主体，是正确引导整个教学过程价值取向的主体，在整个思政课教学过程中，思政课教师都发挥着主要的、价值导向性的和决定性的作用。思政课教师具有如下特点：

思政课教师承担着为国育才，为党育人的重任。思政课教师要传播国家的主流社会意识形态，培养能为党的事业和国家发展进步奋斗终身的社会主义建设者和接班人。思政课教师要坚定地执行党的教育方针政策，将党和国家对学生在思想、政治和道德品质方面的要求通过教育教学活动来贯彻和落实。思政课教师的教育教学行为并不仅仅是个人行为，而是对国家和人民意志的执行。正因为如此，思政课教师在教育教学活动中传递的思想观念、政治意识、道德规范必须与社会的主流意识形态相一致，通过思政课教育教学活动承担起为新时代培养人才的神圣职责。

思政课教师是思政课教学过程的组织者。思政课教学过程是有目的、有计划、有组织的活动过程，而思政课教师就是这个活动过程的组织者。作为思政课教学活动的组织者，思政课教师首先要明确教学目标。教学目标就是通过一系列教学活动的组织和开展所要达到的预期教学效果，是一切思政课教学活动和环节所要努力的方向，它对整个思政课教学活动都具有导向作用。其次，思政课教师要选择思政课教学内容。教学内容是思政课教学过程的核心要素，它反映教学目标并服务于教学目标。思政课教师一般会根据课程教学目标，学生的思想政治品德现状，以及学生的身心发展特点有针对性地选择教学内容。再次，思政课教师要选择思政课教学方法和手段。教学方法和手段是实现教学目标的桥梁和中介，没有方法和手段，教师和学生、教学内容和学生之间都不可能建立联系，更谈不上什么教学效果了。思政课教师往往会根据教学目标、学生特点和教学内容特性来选择教学方法和手段。

思政课教师是思政课教学过程的实施者。对思政课教学目标、内容和方法等因素进行考虑并组织后，思政课教学就进入实施阶段了，而实施阶段的任务仍然由思政课教师来完成。思政课教师首先要制订思政课教学活动的实施方案即教案，也就是在教学目标、内容和方法等确定后，思政课教师就必须设计出落实教学活动的具体方案，将教育教学构想付诸实践。其次，思政课教师要推进实施教学方案，开展具体的教学活动和过程。最后，就是总结评价思政课教学效果。及时总结评价思政课教学过程及其效果，有利于思政课教师总结经验、认识不足，为接下来的思政课教学活动的组织实施提供参考借鉴，从而不断改进教学，提高教学质量。

思政课教师是思政课教学过程的支配者。思政课教师要在思政课教学中发挥主动性和创造性，即主动承担教育者的职责，创造性地发挥教育者的主观能动性。在与学生关系的处理上、教学内容的选择上、教学方法的运用上，以及教学资源的应用上，思政课教师会根据学生的思想品德实际情况，开展研究并作出决定。同时思政课教师也是思政课教学过程的主导者，即在思政课教学过程中发挥主要的、支配的作用，以保证整个教学过程不偏离教学目标。总之，思政课教师要对整个教学过程发挥支配和引导作用，无论是教学过程，还是教学内容，都要使之符合思政课的教学目标和方向。

(二)思政课教学对象

思政课教学对象，是指在教学过程中具有主体性、可塑性和受动性的人，即接受教育的学生。思政课教学对象是思政课的主体之一，是思政课教学活动的实际承担者，对于思政课教学过程而言，是不可缺少的主体。思政课之所以有存在的价值和意义，正是源于思政课教学对象健康成长的需要。缺少教学对象，思政课就失去了存在的意义。思政课教学的根本目标就是培养合格的社会主义建设者和接班人，促进学生的全面发展，学生是思政课教学的出发点和落脚点。思政课教学对象具有如下特点：

主体性。主体性简单地说是自主性、独立性、自由性、创造性的统一，是人的类特性。[①]思政课教学对象是具有鲜明主体性特点的人，是具有独立意识、情感、个性特点的人，对思政课的教学目标、内容、方法等都有自己的看法和观点，对教师的行为也有自己的评价，他们会根据自己的判断对教学活动所传递的信息作出自己认为正确的选择。主体性通过人的实践活动来体现和反映，反映人在实践活动中的地位和特性。作为思政课教学对象的学生，积极参加教学过程是培养和激发他们的主体性的重要途径。

可塑性。虽然思政课教学对象的主体性特点鲜明，尤其是大学生，主体性更加凸显。但不管是小学生，还是大学生都具有可塑性，即使是大学生依然具有很强的可塑性。思政课教学对象具有可塑性，是指经过思政课的教育教学过程，思政课教学对象在思想、政治、道德素质上能够获得提升。大学生虽然在生理机能上已经成人化，但是由于在心理和社会化方面还没有完全定型，在价值观等方面还具有一定的可塑性。需要注意的是，学生身上的可塑性可能带来两种结果，一是学生在教师和自身的努力下变得更加优秀，二是由于各种因素的消极影响，导致学生成长状况偏离我们的目标。而思政课的教学任务就是努力实现第一个目标。

---

① 侯秋月，李建群. 主体性的全面唤醒：改革开放以来我国文化现代化的路向阐释[J]. 广西社会科学，2021，312(06)：165-170.

受动性。受动性是指教学对象在教学过程中，为了更好地实现教学目标，在积极配合和服从教师教学活动的安排和推进过程中所表现出来的配合性和服从性。思政课教学对象在教育教学过程中虽然具有主体性，但是这一主体性是在服从教学目标、教学活动的过程中实现的，对于教师这一教学主体而言，教学对象具有从属性和配合性的特点。在教学过程中，教师是组织开展教学活动的主体，而教学活动的顺利开展，除了需要教师的精心策划、细心设计、认真实施外，还需要教学对象的积极配合和服从，如果在这一过程中，学生只按照自己的想法选择自己的行为，教学活动就无法顺利组织实施。因此，在教学活动中，虽然教学对象要充分发挥自己的主动性和创造性，但是，也要适度保持受动性，即积极配合和服从教师完成教学的全过程。在思政课教学过程中，为了更好地实现教学目标，学生应该在思政课教师的引领下，在积极参加教学过程的同时，服从和配合教师对教学过程的安排，与教师共同完成教学任务。当然，学生可以对教学过程提出意见和建议，以完善教学过程，更好地实现教学目标。

（三）思政课教学内容

教学内容是指为了达到一定的教学目标，教育者向受教育者传授、讲解的知识、理论、观点等，是教育者与受教育者之间发生联系的媒介。思政课教学内容与其他课程比较具有自身的特点。

思政课教学内容具有突出的政治性和目的性。思政课教学内容必须反映统治阶级的根本利益和意志，为统治阶级的利益服务；思政课教学内容必须与社会发展方向相一致，体现一定社会的发展目标并为这一发展目标的实现服务。在我国，思政课是我们党和国家对社会成员进行社会主义意识形态教育、培养合格的社会主义建设者和接班人的主渠道和主阵地，因而其内容不仅要与党的基本理论、路线、方针政策相一致，而且还要集中体现党的基本理论、路线、方针政策，并为此服务。

思政课教学内容具有科学性和规范性。思政课教学内容中，既包括马克思主义和中国化马克思主义的理论体系，又包含以马克思主义世界观和方法论为指导的关于政治、社会、道德、心理等方面的内容。马克思主义是科学的理论体系，是揭示自然界、人类思维和社会发展基本规律的科学的理论体系。思政课教学内容反映了人的思想、政治、品德发展的客观规律，符合学生身心发展特点和思想品德发展现状。思想政治教育具有自身发展规律，思政课教学内容必须反映思想政治教育规律，必须是科学的知识体系。与此同时，学生思想品德形成发展也有自身的规律，思政课教学内容也必须符合这一规律，反映这一规律。思政课教学内容是在遵循思想政治教育规律和学生思想品德形成发展规律的基础上选择的结果，具有科学性。

思政课教学内容具有先进性和时代性。思政课的所有教学内容都以马克思主义为思想指导，坚持辩证唯物主义和历史唯物主义，坚定地站在人民立场上观察、分析一切问题，具有鲜明的先进性。与此同时，思政课具体教学内容的选择不仅要考虑当下的社会发展需要和学生的思想品德实际情况，具有很强的现实针对性，而且要考虑社会发展的长远需要，具有与时俱进的理论特性和突出的价值引导性。总之，在以马克思主义为思想指导的同时，不断吸纳社会发展所需要的积极的新鲜元素，思政课始终保持了教学内容的先进性和时代性。

(四)思政课教学方法

思政课教学方法就是教育者和受教育者在思政课教学活动组织实施过程中为达到一定目的所采用的手段、方式和程序的总和。思政课教学方法本身不是教学过程中的实体因素，不同于教师、学生以及教学内容那样看得见摸得着，但却是影响教学效果的关键因素，因为其本质上是对思想政治教育规律和人的思想品德发展规律的科学把握和自觉运用，更是思政课教学规律的集中反映和体现。

思政课教学方法具有科学性。思政课教学方法是在遵循思想政治教育规律和人的思想品德形成发展规律基础上凝练而成的，集中反映思想政治教育的本质。因此，思政课教师对教学方法的选择，既要遵循思政课教学的基本规律，又要与教学内容相匹配，与学生的思想品德现状和心理特征相适应。

思政课教学方法具有鲜明目的性。思政课教学方法的选择不是为了推进方法本身，而是要更好地落实教学内容，促进教学目标的实现。因此，思政课教学方法是达到思政课教学目标的一种手段和工具，要为教学内容、教学任务和教学目标服务。

思政课教学方法具有主观性。虽然思政课教学方法具有科学性和鲜明的目的性，但是教学方法的选择最终要由授课教师来作出，而教师选择什么的教学方法则取决于其对思想政治教育规律和人的思想品德形成发展规律的认识和把握，取决于其对社会发展需要和教育对象身心发展情况的认知和理解，还取决于其自身教学经验的积累情况，等等。因此，在思政课教学实践中，教师不同，对于同一个教学内容会选择不同的教学方法，甚至同一个教学方法运用的效果也不同，这就使教学方法表现出主观性的特点。

总之，教师、学生、教学内容和教学方法是思政课教学过程的四大基本构成要素，也是必备要素，缺少任何一个要素，思政课教学过程就不可能存在。同时，这四大基本要素相互作用、相互影响，构成了一个统一的思政课教学过程的有机整体，也正是在相互作用、相互影响中形成了思政课教学过程的主要矛盾。

二、思政课教学过程的主要矛盾

思政课教学过程的主要矛盾由其基本构成要素之间的关系决定，其中教师与教学对象即学生之间的关系是思政课教学过程中最基本的关系，也是思政课教学过程的基本矛盾，决定着思政课教学过程的其他矛盾。

（一）教师与学生之间的矛盾是思政课教学过程的基本矛盾

这对基本矛盾的本质是社会对学生在思想品德方面的要求与学生思想品德实际水平（现状）之间的矛盾。思政课教师是社会的代表，社会对学生在思想政治品德方面的要求通过教师来表达。一般而言，社会对学生的要求相对较高，而学生的思想政治品德水平相对较低，导致社会要求和学生思想品德水平之间存在差距。而思政课教学过程的展开就是要解决这一基本矛盾，教师通过组织实施一系列教学活动，提升学生的思想政治品德水平，从而缩小学生思想政治品德水平与社会要求之间的差距，进而解决这一基本矛盾。因此，从根本上说，思政课存在的价值就在于缩小直至化解学生思想政治品德状况与社会对学生的思想政治品德提出的要求之间的矛盾。

在教师与学生这对基本矛盾中，思政课教师是这一基本矛盾的主要方面。因为，思政课教师具有系统的思想政治教育专业知识，掌握人的思想品德形成发展规律和思想政治教育规律，一般而言，又具有一定社会阅历和经验，对思政课的政治性和阶级性应该有着充分而正确的认识。在此情况下，思政课教师理应对社会要求有着准确而全面的科学认识，对如何借助教学内容和方法将社会要求内化为学生的主观意识，进而外化为行为模式，都应该有科学的认识和把握。然而，实际上，思政课教师对社会要求的理解和运用水平存在差异，有些思政课教师能够全面准确地理解这些信息，准确理解自身的社会责任；而也有少数思政课教师则不能准确理解思政课的重要意义及其承载的理论知识，或者能全面理解，但不认同其性质和功能等，从而出现在教学中敷衍塞责的现象。除此之外，思政课教师的个人人格因素以及人际关系处理能力也会影响其与学生之间的关系，如教师是否具有表率意识、能否公正处理学生之间的关系等，都是引起这一对基本矛盾的原因。

（二）学生与教学内容和教学方法之间的矛盾

学生与教学内容之间的矛盾主要表现为三种情况：一是学生与教学内容之间的不匹配，即教学内容理解难度较大，超出了学生的理解能力和理论基础，超出了学生的“最近发展区”，由此无法启动学生学习的内在动力，导致教学目标无法实现；二是教学内容的理解难度低于学生的理论基础和理解能力，激不起学生学习的兴趣，或者导致学生误认为自己很“厉害”，产生盲目乐观；三是教学内容陈旧，或者与社会发展方向不一致，这会导致学生没有学习动力，而且会让学生误认为思政课教学内容是脱离实际的“假大空”，从而对思政课教学产生排斥心理。

而学生与教学方法之间的矛盾主要表现为教学方法不能满足学生内在精神世界发展的需求。教学方法理应遵循思想政治教育规律、人的思想政治品德形成发展规律以及学生身心发展特点。而在教学实际中，由于教师主观因素的影响，可能选择的教学方法不适应学生的思想实际，不符合教育教学规律，从而引发教学方法与学生之间的矛盾。如教学方法超出了学生的身心发展阶段和水平，学生无法理解教学内容；或者教学方法低于学生的身心发展阶段和水平，无法引导学生发展，甚至让学生感觉太“肤浅”和“低级”，导致教学内容停留于表面而不够深刻。

从本质上看，学生与教学内容和教学方法之间的矛盾本质上是学生与教师之间的矛盾，因为思政课教学过程中教学内容和教学方法的选择主动权在教师，教师应该根据思政课教育教学规律、学生的身心特点和思想品德实际情况来选择教学内容和教学方法。而思政课教师对教学内容和教学方法的理解和把握出现的偏差，本质上是对思政课教育教学规律和人的思想品德形成发展规律的认识和把握不准确，具体表现为：一是对思想政治教育规律、学生自身发展特点和人的思想品德形成发展规律掌握不牢、理解不透，以及对思想政治教育相关理论知识掌握不扎实，对思政课教学内容和教学方法的重要性未有充分认识，从而导致在选择思政课教学内容和教学方法时因为随意而出现问题；二是由于对教学对象未做充分研究，认识不准确，在此基础上选择的教学内容和教学方法就存在不合理和不科学的问题，进而会出现教师花费大量精力和时间，但教学效果仍然不佳的情况；三是教师对教学内容和教学方法本身的认识和理解不全面、不准确，导致在运用教学内容和教学方法时出现了问题。

（三）思政课教学内容和教学方法之间的矛盾

教学内容和教学方法之间的矛盾本质上是二者之间的匹配问题，即匹配度低，则教学效果不理想，反之，则教学效果好。思想和行为是思政课的基本范畴，如果思政课教学效果好，则意味着通过思政课教学活动，学生的思想得到了积极引导，或者学生形成了良好的行为习惯，抑或学生在思想和行为两方面都获得了改进和完善。思政课教学效果不仅仅体现为学生对某些理论知识的理解，更重要的是在理解的基础上能够树立相应的观念并能够积极践行，形成一定的行为习惯。而影响思政课教学效果的因素复杂多样，其中，教学内容和教学方法之间的匹配度是主要因素之一。思政课教学内容中，有些教学内容理论性强，不易理解，这就需要针对学生的身心发展特点采用相应的教学方法帮助学生理解理论知识；有些教学内容相对比较容易理解，这就需要将“认知”转化为“行为”的媒介，而选择适合的教学方法则有利于实现这一转化。一般而言，在分析学情的基础上，要提高教学效果，增强教学实效性，思政课教师需要依据教学内容来选择教学方法，而要让学生更好地理解和掌握教学内容，则必须选择恰当的教学方法。因此，思政课教学过程中的矛盾之一就是教学内容与教学方法之间的矛盾，它直接影响着教学效果。

（四）思政课教学体系与环境之间的矛盾

思政课教学过程由诸多要素相互作用而形成一个有机整体，即由思政课教师、学生、教学内容、教学方法等因素相互作用而形成一个体系。但是，思政课教学效果不仅受到体系内部因素及其相互关系的影响，而且受到体系之外的环境因素的影响。因为学生是社会的人，他们成长于复杂的社会环境之中，必然会受到各种各样的社会环境因素的影响。在对学生产生影响的社会环境因素中，有些因素对学生思想、政治、品德的影响与思政课教学的目标相一致，甚至会促进教学目标的实现；有些因素对学生思想、政治、品德的影响则与思政课教学目标不一致，甚至背道而驰，这就会对思政课教学效果造成减损和侵蚀。在学校环境中，也存在着与思政课教学目标不一致的因素，如少数管理者的官僚主义行为，少数教师对学生不负责的行为，还有物质环境的脏乱差等现象，甚至学生身上的一些不良行为，等等，这些都对思政课教学效果造成减损。这些环境因素的存在构成了思政课教学体系与环境之间的矛盾。

对于思政课教学过程中的这些矛盾的解决正是思政课多元混合教学模式创新的现实逻辑，通过推动思政课多元混合教学模式创新，逐步解决思政课教学体系之中的主要矛盾以及思政课教学体系与环境之间的矛盾，不断增强教学实效性，助力学生健康成长。

第二节 “八个统一”的科学内涵

2019年3月18日，习近平总书记在学校思想政治理论课教师座谈会上指出，推动思想政治理论课改革创新，要不断增强思政课的思想性、理论性和亲和力、针对性，并提出了要推动思政课改革创新必须做到“八个统一”，即坚持政治性和学理性相统一，坚持价值性和知识性相统一，坚持建设性和批判性相统一，坚持理论性和实践性相统一，坚持统一性和多样性相统一，坚持主导性和主体性相统一，坚持灌输性和启发性相统一，坚持显性教育和隐性教育相统一（以下简称“八个统一”）。[①]“八个统一”揭示了思政课建设和发展过程中的主要矛盾，集中反映了思政课建设和发展过程中出现的现实问题，是思政课改革创新的根本遵循和方向。

“八个统一”揭示了思政课教学过程的八对矛盾，是对我国思政课教学改革经验的历史总结。“八个统一”之间有着紧密的内在逻辑联系，从思政课性质、思政课改革创新的方法论和思政课改革创新的基本矛盾这三个维度出发可以将“八个统一”分成三个部分：一是明确了思政课改革创新的目标功能，即通过思政课改革创新，凸显思政课的政治性和价值性这两大目标功能，这一部分由坚持政治性和学理性相统一、坚持价值性和知识性相统一组成；二是明确了思政课改革创新的方法论指导，这部分内容由坚持建设性和批判性相统一、坚持理论性和实践性相统一、坚持统一性和多样性相统一组成，这三个“统一”主要强调思政课如何通过改革创新增强其实效性，明确了思政课改革创新的方法论要求；三是揭示了思政课改革创新的基本矛盾，由坚持主导性和主体性相统一、坚持灌输性和启发性相统一、坚持显性教育和隐性教育相统一组成。这三个“统一”揭示了思政课教学过程中三对基本矛盾，即教师与学生、教育与自我教育、思政课与环境之间的矛盾，这三大矛盾规定了思政课改革创新的三大基本规律，这为思政课多元混合教学模式创新指明了方向。

① 习近平.思政课是落实立德树人根本任务的关键课程[J].求是，2020(17)：4-16.

一、“八个统一”明确了思政课改革创新的目标功能

思政课的本质是社会主义主流意识形态的灌输，是对学生进行马克思主义和共产主义教育，培养社会主义核心价值观的主要渠道，是实现立德树人根本任务的关键课程。这是思政课与其他课程相区别的根本标准，也是思政课的本质属性。思政课的根本目标是培养合格的社会主义建设者和接班人，合格的社会主义建设者和接班人的首要素质就是政治素质，能做出正确的价值判断和价值选择。“八个统一”的前两个“统一”，即坚持政治性和学理性相统一、坚持价值性和知识性相统一，正集中反映了思政课的本质属性，明确了思政课改革创新的目标功能。

（一）坚持政治性和学理性相统一

对学生进行正确的政治方向引导是思政课的基本功能。思政课是具有鲜明意识形态倾向的课程，本质是传播社会主义主流意识形态，培养能够践行社会主义核心价值观的时代新人的课程。因此，思政课重在培养学生的思想、政治和道德素质，引导他们坚持正确的政治方向和价值导向，崇尚真善美并做出正确的价值选择。当然，思政课也承担传授知识、培养能力和提升素质的功能。但是思政课传授的不是一般的知识，主要是马克思主义基本原理及其中国化的理论成果；培养的不是一般的能力，主要是运用马克思主义立场观点方法分析解决重大理论问题和现实问题的能力；提升的不是一般素质，主要是思想、政治和道德素质，这些素质决定着人的灵魂和方向，也决定着国家民族的发展前途和命运。

强调思政课的政治引导功能，并不是要把思政课讲成简单的政治宣传，把思政课变成僵化的、苍白的政治说教课，甚至演变成难以自圆其说的“自说自话”课，而是要以透彻的学理分析回应学生，以彻底的思想理论说服学生，用真理的强大力量引导学生。马克思说：“理论只要说服人，就能掌握群众；而理论只要彻底，就能说服人。”①马克思主义是最彻底的理论，思政课教师需要有扎实的马克思主义理论基础，并用马克思主义的

① 马克思恩格斯文集：第一卷[M].北京：人民出版社，2009：11.

世界观和方法论对现实问题进行学理分析和研究，在教学中所讲授的理论、观点、结论要做到有理有据，并且经得起学生各种“为什么”的追问，唯有如此，才能说服学生，取得良好的教学效果。因为思政课不是单纯的政治说教或政治宣传，它有自己的学科归属和学理支撑，要用学术讲政治，用真理、逻辑、规律讲解马克思主义，向学生传播共产主义理想，以此促进学生坚定中国特色社会主义信念。同时，只有通过有用、管用的马克思主义及其创新理论分析现实问题，解决学生的思想困惑，才能真正实现思政课的目标功能，即正确的政治方向引领和价值导向功能。

总之，思政课既具有鲜明的政治性，又具有深厚的学理性。在思政课教学实践中往往会出现失之偏颇的现象：要么只有政治宣传，没有学理支撑，将思政课讲成了政治说教课，枯燥乏味，无法吸引学生的注意力；要么只有学理分析，没有政治方向和价值导向，将思政课讲成了学术讲座和纯粹的理论分析，实现不了思政课的教学目标。推动思政课改革创新，就是要在思政课教学中坚持政治性和学理性相统一，以政治引导学理，以学理服务政治，二者相互联结，不可分割。坚持政治性和学理性相统一，是将思政课的政治属性建立在严密科学逻辑的基础上，回归思政课的本质功能。

（二）坚持价值性和知识性相统一

塑造学生正确的价值观是思政课的基本目标功能。价值观是一个人行为选择的标准和导向。树立了正确的价值观，才能做出正确的行为选择，反之，则有可能做出错误的行为选择。思政课是培养学生正确价值观的主要途径和关键课程，这也是思政课与其他课程相区别的根本依据。思政课通过向学生讲授马克思主义理论体系，培养他们科学的世界观和方法论，来促进学生树立社会主义核心价值观。经济全球化时代，价值观呈现多元化的特点，其中一些价值观与社会主义主流价值观相一致，还有一些价值观与社会主义主流价值观相冲突，甚至对社会主义主流价值观造成侵蚀。从国家安全角度看，坚持社会主义核心价值观在纷繁复杂的社会中的主导地位是保障国家制度安全和文化安全的重要途径。从俄乌冲突中可以清晰地看出，以美国为首的西方国家对他们所认为的敌对国家进行全方位的打压，其中，用所谓的“普世价值”忽悠世界人民是他们实施“和平演变”战略的惯用手法。因此，培育和践行社会主义核心价值观，不仅关系着学生个人健康成长、扣好人生的第一粒扣子的问题，更事关国家民族的前途和命运，事关中华民族复兴大业的实现。

思政课虽然重在培养学生社会主义核心价值观，强调正确的价值引领，突出价值性，但是并不是要忽视知识性，而是要通过满足学生对知识的渴求加强价值观教育，通过相关知识的讲解分析，增强价值观教育和引领的实际效果。因为，若只有空洞的价值观说教，没有科学的知识作支撑，价值观教育很难取得实际效果，甚至会起反作用。当然，在思政课教学中也不能只强调知识性，不能只为了应付考试让学生死记硬背知识点，而不注重对学生进行正确的价值观引导。思政课要传授科学知识，将科学知识作为培养学生相应的能力、提升政治素质和确立正确的价值观的基础。与其他学科相比，思政课教学中要讲授科学知识，但这不是目的，思政课重要的目标功能之一就是通过科学知识的讲解分析来塑造学生正确的价值观，帮助学生在纷繁复杂的社会思潮和社会事件中分清真善美和假恶丑，从而做出正确的价值判断和价值选择。

总之，在思政课中，知识是载体，价值是目的，既不能局限于知识的死记硬背而忽视价值观引导，也不能离开知识的基础而进行空洞的价值观说教，要在知识传授中注重发掘其中向上向善的价值观内涵，将价值观引导和塑造渗透于知识传授之中。坚持价值性和知识性相统一，就是要用丰厚的知识成果滋养先进的价值观念，从而促进思政课目标的达成。

二、“八个统一”明确了思政课改革创新的方法论要求

思政课重要的目标功能之一就是对学生进行政治方向引导，重在塑造学生正确的价值观，促使学生能在现实生活中做出正确的价值判断和选择。那么，如何使思政课的目标功能得以实现呢？这就涉及方法论要求。“八个统一”中的第三、四、五个“统一”就是从方法论的角度指出增强思政课实效性的三大要求，即坚持建设性和批判性相统一，坚持理论性和

实践性相统一，坚持统一性和多样性相统一。这三个“统一”也反映出了思政课教学实践中存在的三大现实问题，即在思政课教学实践中，如何平衡建设性与批判性、理论性与实践性、统一性与多样性的关系问题。

（一）坚持建设性和批判性相统一

思政课的本质是社会主义主流意识形态的灌输，充分反映和体现建设性是其根本要求。所谓建设性，是指正面教育，即站在党和国家立场上传播社会主义的主流意识形态，从有利于学生坚持正确的政治方向和培养社会主义核心价值观出发，传播马克思主义真理，讲清中国特色社会主义理论，宣传党的路线方针政策，引导学生追求真善美，这是思政课教学中要坚持的主线。在思政课教学中坚持建设性，就是要求思政课教学要从正面进行引导，从有利于学生坚定“四个自信”，树立共产主义崇高理想出发，选择教学内容和教学方法，并不断推动思政课改革创新。

但是，以正面宣传为主，注重建设性并不是要放弃对错误观念、错误思潮和社会负面现象的批判，更不是只追求建设性而不要批判性。马克思主义在本质上是批判和革命的，它就是在同各种错误的社会现象和社会思潮的不断斗争中确立和发展起来的。思政课应该在培养学生的马克思主义立场观点和方法的基础上用好批判的武器。一方面，要敢于对各种错误社会思潮进行批判，揭露和剖析它们的本质和危害，如同各种否定马克思主义指导地位、否定中国共产党的领导、否定中国特色社会主义等政治思潮作斗争，同文化虚无主义、历史虚无主义作斗争，在批判中明辨是非，揭露各种错误社会思潮的真实面目和危害。另一方面，要直面我国经济、政治和社会等领域中存在的各种问题，要教育引导学生正确看待、辩证认识、理性分析现实问题，辨明大是大非、真假黑白，在对社会假恶丑现象的批判中弘扬真善美。同时，要教育引导学生多从国情、世情角度反思社会问题产生的根源，并提出解决问题的各种策略，从而使学生既对中国特色社会主义发展前景充满自信，又能真正认识到中国特色社会主义道路上的各种挑战，充分认识担当民族复兴大任的时代新人所应承担的重担和责任。因此，思政课教学中正确运用批判的武器，有助于培养学生唯物辩证的思维，使他们能更好地认识各种主义的本质，从而促使他们在各种主义的比较中掌握马克思主义科学真理，通过正确地批判进而在思维中构建科学真理。

总之，推动思政课改革创新，思政课教师在教学中既要坚持建设性，将科学真理传授给学生，构建学生分析和解决问题的强大思维武器，又要坚持批判性，对社会中存在的各种错误社会思潮和社会问题进行深刻剖析，从而促使他们更好地掌握科学真理，更加深信科学真理。可以说，思政课教学中，坚持建设性是为了客观、全面、深刻地批判各种社会问题和错误社会思潮，认清其危害和本质；而坚持批判性是为了更好的推进科学真理在学生思维中的构建。因此，思政课教师在教学活动中不仅要坚持问题导向，要具有不怕问、怕不问、见问则喜的真本领，还要始终坚持建设性和批判性相统一，因为建设需要批判，而批判促进更好的建设。

（二）坚持理论性和实践性相统一

坚持理论性和实践性是马克思主义理论和实际相结合原则的内在要求。思政课内容具有很强的理论属性，不仅是关于马克思主义基本原理的主要观点、理论逻辑、思维方法，而且包含着对各领域实践经验的高度概括和抽象，蕴含一定的历史逻辑和历史规律，具有很强的理论性和科学性。如马克思主义基本原理就是对自然、社会和人类思维发展规律的正确反映，它在社会实践和科学发展的基础上产生，又在自身发展过程中不断总结实践经验，吸取自然科学和社会科学发展的最新成就。坚持思政课的理论性，就是要在思政课教学中坚持将马克思主义基本理论等内容按照“是什么”“为什么”“怎么样”的内在逻辑进行解析，这不仅可以使学生掌握“批判的武器”，而且还能为学生学习其他专业知识提供科学的世界观和方法论。也就是说，思政课教师要在教学中将相关理论传授给学生，让学生掌握理论知识，掌握“批判的武器”。

思政课具有理论属性并不是说思政课只能单纯地讲理论，更不是空洞地就理论讲理论，而是必须贯彻理论联系实际的原则，在理论与实际的统一中讲授理论，让学生走向社会，把思政小课堂同社会大课堂结合起来。

实践性是马克思主义理论区别其他理论的显著特征，马克思主义强调理论来源于实践，是实践的升华，实践是检验理论真伪的唯一标准，也是促进理论不断发展的根本途径。那么，要弄清学生对思政课教师传授的理论知识是否“真懂”“真信”，就必须回到实践中，将理论学习和实践教学结合起来。这一方面可以深化学生对理论知识的认识，另一方面可以通过实践印证理论知识的真理性。因此，在推动思政课改革创新的过程中，必须坚持理论性和实践性相统一，把理论讲准确、讲透彻、讲明白，提高学生的理论思维能力，教育引导学生将客观真理内化为主体意识，外化为自己观察世界、分析问题、解决困难的世界观和方法论。

总之，思政课是落实立德树人根本任务的关键课程，不仅具有较强的理论性，而且具有鲜明的实践性。思政课的意义不仅在于让学生内化马克思主义的世界观和方法论，而且在于让学生将马克思主义的世界观和方法论进行外化，在行为中践行。要让学生有正确的行为，前提是有科学理论的指导。因此，推动思政课改革创新，使思政课教师在教学中坚持理论性和实践性相统一，是为了让学生在思政课教学中实现“真懂”“真信”，是把教科书这本“小书”与新时代中国这本“大书”融为一体，最后实现“真用”，真正落实立德树人的根本任务。

（三）坚持统一性和多样性相统一

思政课的本质是社会主义主流意识形态的灌输，是塑造学生马克思主义世界观、人生观、价值观、法治观和道德观的关键课程，是事关国家的政治和意识形态安全，事关中华民族的前途和命运的重要课程。正因为如此，在社会主义主流意识形态的灌输上要坚持统一性，思政课教学要围绕其根本目标即培养合格的社会主义建设者和接班人展开，思政课教学要传导的就是社会主义主流意识形态，培养和践行社会主义核心价值观，实现为国育才，为党育人的历史使命。那么，如何确保思政课的本质和根本目标的实现呢？那就要求在推动思政课改革创新中，对思政课的课程目标、课程设置、教材使用、教学管理等方面必须提出统一要求，且必须是有助于灌输马克思主义主流意识形态的，各地方、各学校不能各行其是。也就是说，思政课的课程目标要集中反映和体现思政课的课程性质和本质，课程设置和教材编写以及教学管理都要服务于课程目标的实现。思政课教师在教学中要把统编教材作为依据，确保教学的规范性、科学性和权威性。唯有如此，才能增强思政课教学的实效性，从而实现思政课课程目标。

由于思政课教学对象来自不同的地区、不同家庭，身心发展情况不同，思想政治品德水平存在差异，即使是同一个年级的学生，在身心发展水平和思想政治品德水平上也存在差异。因此，机械执行统一的标准反而有损教学效果。那么，在统一的教学目标、课程体系、教材使用和教学管理基础上，如何最大限度地实现思政课的课程目标，这就涉及教学策略的选择问题。在教材已经给出课程教学的基本结论和简要论述的情况下，要让不同类型的学生都爱听爱学、听懂学会，就必须在教学方法、手段、过程、考核方式等方面，因地制宜、因时制宜、因材施教，鼓励多样化地探索，把统一的“标准要求”与学生的个体差异性结合起来，实现教学方法、手段的多样化，从而促进学生个性化发展，最大限度地实现课程目标。一方面，在推动思政课改革创新的过程中，要遵循统一的目标要求、课程设置、教材使用和教学管理等，思政课教师要以统编教学大纲和教材为依据组织开展教学活动。另一方面，为了最大限度地实现课程目标，根据教学对象的个性特点采取具有针对性的、有效的教学方法、教学手段等教学策略，以增强教学效果。

总之，统一性存在于多样性之中，没有多样性就没有统一性；多样性包含统一性，受统一性统摄。在推进思政课改革创新中要坚持统一性和多样性相统一，在始终坚持灌输社会主义主流意识形态的基础上，使教学尽量贴近社会实际、贴近教学对象、贴近具体情况，以适应时代新人成长的需要，提高教学针对性和实效性。

三、“八个统一”指明了思政课改革创新的基本方向

思政课改革创新的出发点是对思政课教学要素进行更符合学生成长需要的调整和搭配，从本质上看，就是要通过推进改革创新来解决思政课教学过程中的基本矛盾，从而推动思政课的发展。思政课教学过程的基本矛

盾，即教师与学生之间的矛盾，亦即教与学之间的矛盾。教师与学生之间的矛盾是思政课各种关系中最基本的关系，这对关系影响着教学过程中的其他一切关系。“八个统一”不仅揭示了思政课教学过程中的基本矛盾即教师与学生之间的矛盾，而且反映了思政课教学过程中的其他矛盾，更是指明了思政课改革创新的基本方向。

(一)坚持主导性和主体性相统一

正如前文所述，思政课的本质是社会主义主流意识形态的灌输。通过组织实施一系列教学活动，让学生掌握马克思主义基本理论，能运用马克思主义的世界观和方法论观察、分析和解决实际问题，培养和践行社会主义核心价值观，是思政课的目标。而要保证这一目标的实现，不仅要对教学目标、课程设置、教材编写和教学管理等方面进行统一安排，而且还要正确处理教师与学生之间的关系，正确定位教师在教学过程中的角色。师生关系是思政课教学过程中的基本关系，师生之间的矛盾也是思政课教学过程的基本矛盾，这对矛盾的本质是社会对学生在思想政治品德上的要求与学生思想政治品德实际水平之间的矛盾。如果这一关系处理失当，很难保证思政课教学目标的实现。由于思政课教师是师生这对矛盾关系中的主要方面，这决定了教师要在思政课教学过程中发挥主导作用。如果思政课教师在教学过程中不能发挥主导作用，对学生放任自流，甚至对学生的错误表现没有纠正和引导，这不仅不利于思政课目标的实现，而且还可能出现严重后果。由于思政课教师代表着社会要求，又由于思政课教师具有较为丰富的经历和经验，思维相对成熟，并且接受过系统的专业训练等，思政课教学过程中，要确保思政课目标功能的实现，就理应积极发挥思政课教师的主导作用。思政课教师要围绕课程目标对整个教学活动进行设计、组织、规划和管理，使其朝着预定的目标和方向进行。

要充分发挥教师的主导性，并不意味着不需要学生的积极参与，毕竟思政课教学活动中学生是参与者，是承担者，没有学生的积极参与，思政课教学活动就无法组织和开展。思政课是学生认识规律、追求真理、认同价值观的课程，学生是认识主体和价值主体。思政课教师在教学过程中要把握学生的认知规律和身心发展特点，发挥学生的主体性，让学生从教学活动的客体变成教学活动的主体，激发学生学习的积极性、主动性和创造性，变“要我学”为“我要学”。只有这样，教师传授的理论观点、价值观念才能内化为学生的主体意识，甚至外化为行为习惯。需要注意的是，发挥学生的主体性并不意味着教师责任的减少，或是对教师的要求降低。因为学生主体性发挥的程度和效果，在相当程度上取决于教师主导作用发挥的程度和效果。教师要对学生的自主学习提出要求并做出规划，进行画龙点睛和恰如其分的评价，鼓励和引导学生在观察、分析、解决问题中夯实理论基础、锻炼思维能力。同时，教师还要以真诚的态度，直面学生的困惑，并基于问题开展教学。只有充分发挥了教师的主导性才能正确发挥学生的主体性，使思政课成为师生互动、教学相长的美好课程。

总之，推动思政课改革创新必须坚持主导性与主体性相统一，要用教师的主导性引导学生的主体性的发挥，用教师主导性的充分发挥来开发学生在教学活动中的主体性。同时，要通过发挥学生参与教学的主体性，促进教师主导性的实现，从而实现教学活动中要顺应主导和依靠主体的要求，最终实现和谐共生的师生关系和教学关系，进而促进教学目标的实现。

（二）坚持灌输性和启发性相统一

教育与自我教育相统一是思政课教学过程的基本规律之一。思政课教育教学活动的展开意在通过科学理论和正确价值观的教育，使学生掌握马克思主义的世界观和方法论，并且具备运用马克思主义世界观和方法论观察、分析和解决现实问题的能力，树立社会主义核心价值观，养成良好的行为习惯，等等。思政课教学活动不仅要教给学生科学的理论知识，更重要的是要让学生掌握正确观察、分析世界的方法，激发他们自我发展的内在动力，从而构建自我教育的内在体系。因为学生终究会走进社会，离开学校和教师，实现自我教育才是学生自我发展的根本途径，也是教育的最大价值所在。推动思政课改革创新的意义之一就在于实现教育与自我教育的统一。而在思政课教学中坚持灌输性和启发性相统一，正是遵循教育与自我教育相统一的基本规律的要求。

所谓灌输性，就是强调教育者在思政课教学中对受教育者要进行正面的、系统的理论传授，用马克思主义武装其头脑。思政课是落实立德树人根本任务的关键课程，灌输性是其本质属性。列宁在《怎么办?》一书中系统论述了“灌输论”，他指出，“工人本来也不可能有社会民主主义的意识。这种意识只能从外面灌输进去，各国的历史都证明：工人阶级单靠自己本身的力量，只能形成工联主义的意识”①。随后，列宁又指出理论灌输的重要性，“对社会主义思想体系的任何轻视和任何脱离，都意味着资产阶级思想体系的加强”②。推动思政课改革创新必须坚持灌输的本质属性，增强阵地意识。在当前国际国内形势深刻变化、我国经济社会深刻变革的大背景下，意识形态领域的斗争更加复杂和严峻。大中小学的学生正处在“拔节孕穗期”，受知识结构、社会阅历的局限，很容易受到错误思潮的影响，在面对复杂的现象和问题时容易陷入相对主义的迷惘。换言之，科学的理论不会在青年学生头脑中自发地产生。这就需要思政课把科学的理论灌输给学生，帮助其树立正确的政治方向和价值标准。坚持灌输性，是旗帜鲜明、理直气壮地开好思政课的重要保障。

所谓启发性，是指教育者在教学过程中，启发受教育者积极思考，使其通过主动学习和独立思考，自觉自主地作出判断，并且选择正确的方式方法，来应对各种困难和挑战。从本质上看，坚持启发性实质是强调学生的自我教育，重在激发学生自我发展的内在动力，使其具备自我教育的能力。任何方法都不是万能的，仅仅通过灌输不可能完成思政课教育教学的全部任务。毋庸讳言，长期以来我国思政课教育教学实践中往往倾向于把现成的结论直接传授给受教育者，忽视了对受教育者主体性的培养。随着时代的发展，人们越来越认识到一个人的思想政治素质的形成离不开自主建构的过程，只有通过启发和引导，才能促使受教育者对学习内容有更深刻的领悟，实现从知识向能力的转化。因此，推动思政课改革创新既要坚持灌输性，也要坚持启发性，注重启发式教育，着力培养学生的批判性思

① 列宁选集:第一卷[M].北京:人民出版社,1995:317.

② 列宁选集:第一卷[M].北京:人民出版社,1995:327.

维、开放性思维、抽象性思维和创造性思维，提升学生自觉运用马克思主义的基本立场、观点和方法分析问题和解决问题的能力。

总之，在推动思政课改革创新中坚持灌输性和启发性相统一，就是要求思政课教学要坚持教育与自我教育相统一。灌输性教育重视发挥教师的主导作用，强调完整准确地讲授马克思主义理论体系的重要性。启发性教育重视发挥学生的主体作用，强调通过教师的疏通和引导，培养学生的自主选择、自觉内化、外化践行的能力，是学生自我教育的过程。坚持在理论灌输中进行启发性教学，坚持在教学的启发性中巩固理论灌输。思政课本质上是社会主义主流意识形态的灌输，是教育者将先进的思想、科学的理论、正确的价值观传授给教育对象并内化为教育对象的意识、能力和素养的过程。但理论灌输不等于填鸭式的知识灌注，更不是简单生硬地强塞，而是要根据教育教学规律和学生身心发展的特点，运用理论讲授、问题研讨、主题活动、参观考察、现场体验等多种方式，激发学生的积极性、主动性、创造性，引导学生发现问题、分析问题、解决问题，在不断启发中让学生水到渠成地得出结论。因此，科学的灌输性教育不仅不排斥启发性教育，而且把启发性教育看作实现理论灌输目的的重要方式，这是在灌输中进行启发。同样，启发性教育注重引导、转化、发挥学生的主体能动性，但其目的仍然是把科学的理论知识、方法、价值观念等内化为学生的主观意识，这是在启发中巩固理论灌输。

（三）坚持显性教育和隐性教育相统一

学校教育中有两种教育形态或过程，一种是显性教育，即目的明确、正式的、直接的、外显的教育活动。在显性教育活动中，教育者和受教育者都清楚地知道自己的角色和任务，尤其是受教育者知道自己在接受教育。另一种教育形态是隐性教育，即目的明确、非正式的、间接的、内隐的教育活动。在隐性教育活动中，教育者的教育目的明确，但是在教育形式上却是以间接的、不彰显的形式呈现。受教育者往往不知道自己在接受教育，而是在不知不觉中受到教育。思政课显然属于显性教育，教育目的明确，有明晰的教育计划，且具备有组织的教育教学内容和活动，学生也知道自己在接受教育。学校的专业课程教学和其他活动中蕴涵着思想政治教育的元素，这些教育元素相对于思政课而言，属于隐性教育元素，如专业课程教学中育人元素的挖掘，学校教职工积极向上的精神面貌，团学活动和教学管理活动所内含的社会主义核心价值观，等等。学校思政课与隐性教育实质形成了思政课体系与学校环境之间的关系，这两个方面都会对学生的思想政治品德的形成和发展产生影响。因此，促进显性教育和隐性教育相统一，实质是对协调统筹各种影响因素使之同向发挥作用规律的遵循。

思政课是对马克思主义在意识形态领域指导地位的巩固，是坚持社会主义方向的重要阵地，是全面贯彻党的教育方针、培养德智体美劳全面发展的社会主义建设者和接班人、落实立德树人根本任务的关键课程，是学校思想政治教育的主渠道，是保持学校马克思主义最鲜亮底色的重要标志。要旗帜鲜明地开设思政课，理直气壮地讲授思政课。在讲好思政课这一显性课程时，需要注意的是，思政课体系中同样存在着隐性教育因素，如思政课教师的精神风貌、人格魅力、学识风范等，都是对学生产生深远影响的隐性教育因素，要注意充分发挥思政课中隐性教育因素的正向作用。而相对于思政课这一显性教育形态，隐性教育更多是指思政课体系之外的影响因素。为了增强思想政治教育的实效性，我们在充分发挥思政课这一思想政治教育的主渠道外，还要做好隐性教育，发掘其他课程和教育教学方式中的思想政治教育资源，把思想引导和价值观塑造融入每一门课程教学和每一项工作中，推进课程育人、科研育人、实践育人、文化育人、网络育人、心理育人、管理育人、服务育人、资助育人、组织育人，构建全员全程全方位育人格局，形成育人合力。

总之，推动思政课改革创新必须坚持显性教育和隐性教育相统一，要用好思政课这个主渠道，开发、丰富隐性教育渠道，实现既要有惊涛拍岸的声势，也要有润物无声的效果，从而促进思政课与其他课程和团学活动的协调一致，形成综合育人的良好环境。

对推动思政课建设，发展思政课而言，“八个统一”是一个内涵丰富的指导原则。一方面要从理论上和学理上分析和把握其科学内涵，另一方面要结合思政课的教育教学实践，在改革创新中掌握并运用技能，从而实现思政课教学中既有理论灌输，又有实践体验，既掌握科学方法，又要讲求教学艺术，既要遵循思政课建设规律，又要有创新创造。在推动思政课建设和创新思政课教学实践中要准确理解和把握“八个统一”的科学内涵，贯彻好“八个统一”的根本要求，从而增强思政课改革成效，真正把思政课建设成为学生真心喜爱、终身受用的金课。

第三节 “八个统一”对高校思政课多元混合教学模式创新的重要指导意义

在实际的教学过程中，几乎同时存在着多种问题，如理论灌输不够、启发性不充分、教师处于绝对支配地位而学生主体性无法发挥、教学过程无趣、教学中批判得多而建设得少的问题等不一而足。因为特定的教学模式确立的过程实质上也是一种教学理念和教学目标实施推进的过程，而任何一种教学模式的改革创新只能重点解决教学过程中某一方面的矛盾，不能解决所有问题。因此，要解决教学实践中存在的各种问题，教师需根据教学目标和内容，选择几种教学模式混合搭配运用，才有可能有效解决思政课教学过程中存在的主要问题和矛盾，从而最大限度地实现教学目标，提升教学质量，增强教学效果。而“八个统一”全面揭示了思政课教学过程的内部矛盾，清晰展示了思政课各构成要素之间普遍的、复杂的、本质的联系，集中反映了思政课改革创新的基本规律。推进思政课多元混合教学模式创新的过程是思政课各构成要素之间关系调整变革的过程，“八个统一”对思政课教学模式改革创新具有重要的指导意义，遵循“八个统一”，推动思政课多元混合教学模式改革创新是保证其科学性的内在要求。

一、高校思政课多元混合教学模式创新要正确处理守正与创新的关系

任何领域的改革创新，本质上都是对旧关系的扬弃，把不适应发展的因素去除掉，创造符合发展要求的新因素以促进社会进一步发展。高校思政课多元混合教学模式创新，同样要遵循这一规律，要处理好守正与创新

的关系。

中国特色社会主义进入新时代是高校思政课多元混合教学模式改革创新的现实依据。其一，中国特色社会主义进入新时代，中国的综合实力和国际影响力与日俱增，社会发展对人才素质提出了新要求，如要有宽阔的视野，要有坚定的中国特色社会主义信念，要有敢于斗争、勇于胜利的决心和意志，要有自力更生、吃苦耐劳的坚韧品质等等。这就要求高校思政课通过多元混合教学模式的改革创新来适应社会发展对人才内涵的新要求。其二，新时代的大学生几乎都是“00后”，他们身上具有鲜明的时代特点，如思维活跃、个性鲜明、追求新异刺激等等，这些特质要求改革创新高校思政课多元混合教学模式，以应对教学对象身心发展所呈现出的时代特点。其三，中国特色社会主义进入新时代，也为高校思政课多元混合教学模式的改革创新提供了现实条件和手段，如计算机技术和网络技术的发展，中国共产党带领中国人民经过艰苦卓绝地斗争取得的伟大成就，教育教学投入的日益增加，等等，都为高校思政课多元混合教学模式的改革创新创造了新手段和新空间。

高校思政课教学实践中存在守正与创新关系处理失当现象。改革创新的目的是让我们的思政课变得更好，更有利于思政课本质和课程目标的实现。思政课的本质是社会主义主流意识形态的灌输，我国是中国共产党领导的社会主义国家，思政课就是要通过一系列教学活动的组织实施，坚定青少年对马克思主义的信仰和中国特色社会主义的信念，拥护中国共产党的领导。而在思政课实践中却存在弱化思政课本质和课程目标的现象，将思政课看成理论知识的传授课程，或是对待思政课教学实行“一刀切”，无视思政课教学对象的特殊性，或是认识不到思政课的重要意义，对待思政课马马虎虎，或是在教学模式上仍然固守过去的“老传统”，等等。这些现象不仅影响了思政课的本质和课程目标的实现，甚至会起反作用。正因为如此，“八个统一”要求思政课多元混合教学模式改革创新必须正确处理守正与创新的关系：一方面要坚守思政课的本质和课程目标，这是不可动摇的；另一方面，思政课多元混合教学模式的改革创新，不仅使思政课变得更具时代性、趣味性，更具有亲和力和实效性，而且有利于充分实现和巩固思政课的本质和课程目标。

“八个统一”充分体现了守正与创新的辩证关系。“坚持政治性和学理性相统一”，对高校思政课多元混合教学模式创新而言，就是要求通过教学模式改革，坚守思政课的“政治性”，为此，必须加强思政课教学的“学理性”建设，通过创新“学理性”来更好地坚守“政治性”。“政治性”是思政课不变的本质和属性，但是随着时代的发展，要通过思政课教学模式改革来巩固其“政治性”，不能因为时代变了，却不思创新而导致“政治性”弱化问题的出现。因此，在这个“统一”里，“政治性”是必须得到坚守的，“政治性”是目的，要创新的是“学理性”，“学理性”是手段。同样，“坚持价值性和知识性相统一”，其中，“价值性”反映思政课的本质和课程目标功能，而“知识性”则是手段工具，要通过对“知识”阐释、讲解方式方法的改革创新更好地坚守“价值性”。

总之，守正是创新的前提和基础，创新是为了更好地守正。作为落实立德树人根本任务的关键课程，无论思政课创新到什么程度，马克思主义信仰、中国特色社会主义共同理想、社会主义核心价值观等是必须要坚守的，不能因为要创新就把思政课的本质属性和课程目标丢掉。在推进思政课多元混合教学模式创新中，不仅是思政课的目标和任务、思政课的地位和功能、思政课的本质属性必须得到坚守，而且要根据社会形势的变化和学生身心发展特点，通过对思政课多元混合教学模式进行创新，不断巩固思政课的本质、地位和功能。

二、高校思政课多元混合教学模式创新要促进教育与自我教育辩证统一发展

教育与自我教育辩证统一是思政课教学过程的基本规律之一，教育与自我教育是思政课师生关系在教学效果上的集中反映，也是高校思政课多元混合教学模式改革创新所追求的目标。高校思政课多元混合教学模式改革创新，实质上是通过对思政课教学各构成要素关系的调整，建立更合理的师生关系，促进教育与自我教育辩证统一发展。在思政课教学中，教师根据学生的身心发展特点和思想政治品德现状对其进行教育，教师在课程

教学过程中承担着两方面的职责：一方面教师通过各种教学方式方法，将思想、政治和道德等各方面的信息传递给学生，让学生记忆、理解、实践、掌握，从而实现内化和外化；另一方面通过组织实施思政课教学活动，培养学生学习的能力，以及运用马克思主义相关理论分析解决实际问题的能力。思政课教师不仅承担着传递理论知识的职责，而且负有培养学生自我教育能力的职责。可以说，发掘学生自我教育的内驱力，培养学生自我教育的能力，让学生学会自我教育是思政课教师的最高目标，也是思政课教育的最高境界。在教育与自我教育之间，教育是实现自我教育的前提和条件，自我教育是教育的目的和方向。推进高校思政课多元混合教学模式改革，要推动思政课从教育向自我教育转化，从“学会”向“会学”转变，最终实现教育与自我教育的辩证统一发展。

人作为生命存在体，具有与其他生物都不同的能力即自我教育的能力。人是有思想、有情感和有意识的存在，是能够将自己作为认识对象的存在。正如马克思曾指出的：“人则使自己的生命活动本身变成自己意志的和自己意识的对象。他具有有意识的生命活动。这不是人与之直接融为一体的那种规定性。有意识的生命活动把人同动物的生命活动直接区别开来。”[①]具有自我意识，将自己作为对象进行思考是人独有的本质，正是因为人的这一独特本质使人具有了自我教育的能力。高校思政课多元混合教学模式存在的意义不仅在于教育，而且在于激活学生潜藏于内心的自我教育的内在动力，并且通过正确的引导，帮助学生培养自我教育的能力。

具备自我教育能力也是新时代人才成长和发展的现实要求。新时代是信息大爆炸的时代，知识日新月异，仅仅在学校习得的知识无法应对快速发展和变化的社会，这就要求大学生必须具备自我教育的能力。自我教育是由四个环节组成的动态结构：在自我认识的基础上，提出自我教育目标；在自我教育目标的引导下，在实践中进行自我监督、自我控制、自我调节，力争达到一定预期效果；然后进行自我评价，形成对自己的新的认识；在这一新认识的基础上，又进入新一轮的自我教育过程。[②]因此，为

① 马克思恩格斯文集：第一卷[M].北京：人民出版社，2009：162.

② 冉乃彦.真正的教育是自我教育[M].北京：新世界出版社，2004：7.

了适应新时代社会发展的要求，大学生必须具备强烈的主体意识，因为主体意识是大学生进行自我教育的前提条件，是大学生充分发挥主观能动性的内在动力。没有主体意识，就无法真正地认识自己，就缺乏自我学习、自我发展的内在动力，更谈不上自我教育。在具有了强烈自主意识的基础上，大学生还应该具有自我教育的能力，具备自我认识、自我监督、自我调控、自我评价等能力。唯有如此，今天的大学生才能借助在思政课堂所收获的理论知识和养成的能力，未来在社会的广阔天地间自如且高效地实现自我教育，永远为社会发展提供正能量。

实现教育与自我教育的辩证统一发展是新时代高校思政课改革创新面临的现实课题。在思政课教学实践中，教师往往强调教育的重要性，强调学生掌握知识的重要性，突出对理论知识本身的掌握，而忽视学生自我教育能力的培养。在这种情况下，学生一旦离开教师的指导，往往会出现停止学习、不会学习的现象，甚至面对社会现实问题不会思考，随波逐流，对自身问题或者社会问题完全凭“感觉”作判断。在移动互联网时代，各种信息大爆炸的时代背景下，这种凭“感觉”作出的判断很容易成为被裹挟的声音。因此，高校思政课教师不仅要重视培养学生的主体意识，而且要让学生掌握学习马克思主义理论知识的主要方法，深刻认识自我教育对自身成长和社会发展的重要意义。同时要重视对学生运用马克思主义世界观和方法论观察、分析和解决现实问题的能力的培养，这是思政课与其他课程在注重学生自我教育能力培养方面的差异。

“八个统一”充分揭示了教育与自我教育相统一的基本规律。“八个统一”中的“坚持灌输性和启发性相统一”和“坚持主导性和主体性相统一”，都集中体现了教育与自我教育辩证统一发展的规律。其中“灌输性”和“主导性”强调思政课的教育功能，而“启发性”和“主体性”突出了思政课的自我教育功能。推进高校思政课多元混合教学模式创新，就是要力求在坚持“灌输性”和“主导性”的基础上，通过坚持“启发性”和“主体性”，实现教育与自我教育的辩证统一。理论灌输是对思政课教师的教学行为提出要求，强调如何“教育”，而发挥教师在思政课教学中的主导性同样是强调如何“教育”。如果思政课仅仅停留于教师的“教育”上，则其意义就是不完全的。思政课教育教学的最高境界是实现学生的“自我教育”。而这两个“统一”中都强调了“自我教育”的重要性，“启发性”和“主体性”都意在激发学生自我发展的内在动力，着重培养学生自我教育的意识和能力。

总之，学生在教师的引导和启发下进行自我教育。教师的教育是为了实现学生的自我教育，而学生的自我教育需要在教师的教育下实现，教育与自我教育的辩证统一发展正是在思政课教学实践中通过师生双方共同努力实现的。可以说，教育是思政课的起点，自我教育是终点，二者在思政课教学实践中相互作用、相互影响，实现辩证统一。

三、高校思政课多元混合教学模式创新要激发教师和学生两方面的积极性

师生关系是思政课教学活动中最重要的关系，这一对关系中的教师和学生都是思政课教学过程中的两个基本要素，这两个要素在教学过程中的状态如何以及二者的关系如何，都直接决定着教学效果。教师和学生在思政课教学过程中扮演着不同的角色，发挥着不同的作用。教师是思政课教学的领导者、组织者和实施者，教学目标、教学内容、教学方法以及教学环节都是由教师根据思政课教学规律和学生身心发展的实际情况来决定的。学生是思政课教学过程中不可或缺的参与者和配合者，但这并不是说，学生在教学过程中完全是被动的，他们作为思政课教学过程的承担者和主体，应充分发挥其主体性，对教师传递的各种信息要自主进行选择、吸收和掌握，促进内化和外化。在这一过程中，只有教师和学生都认真、负责任地履行好自己的责任，扮演好自己的角色，思政课教学过程才能顺利，才有可能达到预期的教学效果。反之，只要教师与学生任何一方的角色未扮演好，就会影响预期目标的实现。那么，哪些因素会影响教师和学生角色的扮演呢？一是教师或学生没有意识到自己的角色和责任。二是虽然双方意识到了自己的角色和责任，但是由于某些条件限制或主观认识差异而导致角色扮演失败。因此，要让教师和学生在思政课教学过程中能够认真扮演好自己的角色，发挥自己的作用，首先就要培养教师和学生的主

体意识，明确各自在教学过程中应尽的角色义务。其次就是要创造条件和深化认知，一方面激发教师教学的积极性，另一方面充分发掘学生参与教学过程的热情，让他们自觉、主动地接受教育，积极参与内化和外化的过程。

高校思政课教学实践中，教师和学生两方面积极性的发挥存在偏颇现象。一是以教师为中心，教师在教学过程中处于绝对支配地位，学生完全处于被支配地位。具体表现为：在教学实践中，教学目标的确定、教学内容和教学方法的选择以及教学过程的设计均是教师做出，而且在这个教学设计里没有学生；在教学方案实施过程中，学生也完全处于被动的学习状态，没有自主选择的空间。二是以学生为中心，学生处于绝对支配地位。一般而言，这一现象并不普遍，但在强调发挥学生主体性的今天，在一些教学中确实存在这一现象。在教学过程中发挥学生的主体性是现代教育对人才培养的必然要求。但是思政课教学实践中，有些教师和学生都错误地理解了学生主体性发挥的内涵，将学生主体性与教师主导性对立起来，在教学实践中放任学生，使学生主体性的发挥失去了正确方向的指导。如有些思政课教师让学生在课堂上进行教学活动，教师既没有课前指导设计，也没有课后分析和完善建议；还有些教师对学生在教学活动中表达的观点不作任何点评和引导；等等。这不仅在一定程度上影响了思政课教学目标的实现，而且对学生成长造成了负面影响。

“八个统一”集中揭示了发挥教师和学生两个方面积极性的基本规律。“八个统一”中的“坚持主导性和主体性相统一”就集中反映了思政课改革创新要发挥教师和学生两方面积极性的规律。一方面，在思政课教学中，既要坚持教师的主导性，教师要给予学生在理论学习、价值观念培育、能力提升上以正确指导，使学生的学习保持在正确轨道上；另一方面，又要在思政课教学中充分发挥学生的主体性，激发他们自我发展的内在动力，自觉、主动地参与到思政课教学过程中。思政课教师在教学过程中主导性的发挥是为了更好地激发学生的主体性，而学生主体性的发挥必须以教师主导性的发挥为前提，二者只有在思政课教学实践中相互作用、相互影响，实现辩证统一发展，才最有益于思政课教学目标的实现。

高校思政课多元混合教学模式创新必须“坚持主导性和主体性相统一”，既要充分发挥思政课教师的积极性，又要激发学生参与思政课教学的积极性，二者在教学实践活动中实现统一、相互作用、相互影响，实现共同成长进步。一方面，在教学实践中思政课教师应根据学生的实际情况做好教学设计，引导学生确立崇高的人生理想，树立正确的价值观；另一方面，学生在教学活动中应在教师的指导下积极参与教学过程，主动思考，服从和配合教师的教学组织活动，充分发挥教学过程的主体性。

四、高校思政课多元混合教学模式创新要坚持理论与实践的辩证统一原理

理论与实践是马克思主义认识论的重要范畴。实践决定理论，实践是理论的来源，是理论发展的根本动力，是理论的最终目的，是检验理论的真理性的唯一标准。理论对实践具有能动的反作用，理论的最终目的是更好地指导实践，科学理论对实践具有巨大的推动作用。理论和实践是相辅相成的，二者在历史的、具体的实践中实现辩证统一。思政课有其自身的特点，它不同于其他课程的地方就在于：它不仅要传授理论知识，培养正确的观念，而且更重要的是改善学生的行为，塑造学生良好的行为习惯。因此，在思政课教学活动中，传授理论知识是为了让学生更好地理解品德行为改善的重要意义，掌握思想政治品德修养的重要方法，从而正确指导思想政治品德修养的行为。正如马克思所说：“哲学家们只是用不同的方式解释世界，而问题在于改变世界。”[①]思政课的终极目标是为了改善学生的行为习惯，勇于将良好的思想观念践行在工作生活的具体实践中。因此，有必要通过高校思政课多元混合教学模式创新，在思政课教学中坚持理论与实践的辩证统一原理。

“八个统一”中的“坚持理论性和实践性相统一”集中反映了马克思主义认识论的基本规律，即理论与实践辩证统一原理。思政课教学实践中，理论教学偏多，实践教学偏少，普遍存在着理论与实践相脱离的现象。这严重影响了学生对理论知识的全面、准确理解和把握，也妨碍了学

① 马克思恩格斯选集：第一卷[M].北京：人民出版社，2012：140.

生获得直接经验，削弱了学生对学习的兴趣。推动高校思政课多元混合教学模式创新，意在解决这一问题，力求在思政课教学中努力促进理论与实践辩证统一发展。在思政课教学活动中，一方面，教师要积极传授理论知识，讲清、讲透理论知识所反映的事物的内在逻辑、现实意义和践行的方式方法等。另一方面，教师还要想方设法设计实践教学，将理论知识运用到实践教学中，让学生在实践教学中深化对理论知识的认识，增强学生运用理论知识的能力，并坚定理论知识所蕴涵的科学真理，从而激发其积极践行正确价值观念的热情，促进理论知识的内化和外化，形成一定的思想品德践行能力。总之，思政课教学模式创新要力求将理论与实践统一起来，实现理论与实践的辩证统一发展，用正确的理论指导实践，在实践中实现理论认识的深化，在实践中增强运用理论知识的能力，在实践中激发进一步学习理论知识的动力。

五、高校思政课多元混合教学模式创新要遵循统一性与多样性辩证统一原理

列宁指出：“任何具体的东西，任何具体的某物，都是和其余的一切处于相异的并且常常是矛盾的关系中，因此，它往往既是自身又是他物。”①世界是多样的，而世界的多样性与物质的统一性既对立又统一，既相互联系又相互区别，相辅相成、相互促进。正如恩格斯指出的：“世界的真正的统一性在于它的物质性，而这种物质性不是魔术师的三两句话所能证明的，而是由哲学和自然科学的长期的和持续的发展所证明的。”②“统一性”是矛盾的主要方面，共存于一个统一体中，统一性统摄、决定着多样性，多样性影响制约着统一性。坚持统一性与多样性相统一，在思政课教学过程中就是坚持价值导向的一元性与价值取向的多样性相结合，注重统一思想与包容多样相统一，这是长期以来我国思政课建设的重要原则之一。思政课教学过程由诸多要素构成，这些要素之间既有统一性，也有多样性。在思政课教学活动中，矛盾的统一性和多样性普遍存在。如思

① 列宁.哲学笔记[M].北京:人民出版社,1960:144.

② 马克思恩格斯选集:第三卷[M].北京:人民出版社,1995:383.

政课的本质和教学目标具有一致性，反映了矛盾的统一性，这是由思政课的性质、地位和功能决定的，是相对稳定的要素，无论什么类型的学校，面对的是什么样的教学对象，思政课的性质、地位和根本目标都是相对稳定的、统一的，这就是所谓的思政课的统一性。而教学内容、教学方法和教学资料则具有相对多样性，这是由学生的身心发展特点、思想困惑和现实问题决定的。因为学生是具有差异性的社会个体，他们的思想品德现状存在差异，而只有在学生思想品德现状的基础上才能决定选择什么样的教学内容、教学方法、课后辅导内容、教学环节以及如何运用教学方法，等等。因此，学生的多样性决定了教学内容、教学方法等的多样性。

"八个统一"集中反映了思政课统一性与多样性辩证统一原理。"坚持统一性和多样性相统一"，既是思政课建设基本规律、教书育人规律和学生成长规律的具体体现，也是思政课建设的基本要求。所谓"统一性"是指高校思政课的总体目标、课程设置、教学内容、教材、师资队伍建设以及教学管理等方面要有统一要求，反映了思政课建设过程中的主要矛盾。统一性所确立的共同准则、基本要求、总体目标和主体关系等保证了思政课作为一个独立的、整体性的、指向明确的课程体系而存在。在思政课教学中坚持统一性是中国特色社会主义大学的本质要求。我们的高校是党领导下的中国特色社会主义高校，扎根中国大地办大学，就是要坚持以马克思主义为指导，全面贯彻党的教育方针，坚持党对高校的领导，以立德树人为根本任务。要实现统一性的这一目标，就是要在办学理念、教师队伍建设、课程设置、教材建设等方面进一步坚定正确政治方向，始终坚持"教育为人民服务、为中国共产党治国理政服务、为巩固和发展中国特色社会主义制度服务、为改革开放和社会主义现代化建设服务"①。所谓"多样性"是指思政课教学方式、方法、手段要依据不同的教育对象，突出因地制宜、因时制宜、因材施教，反映了思政课建设过程中的特殊矛盾。

"八个统一"中的"坚持建设性和批判性相统一"也反映了思政课教

① 人民日报评论员.坚持党对教育事业的全面领导——论学习贯彻习近平总书记全国教育大会重要讲话[N].人民日报,2018-09-18(02).

学过程中矛盾的统一性与多样性的关系。在教学活动中，思政课教师对理论知识和社会问题的分析是坚持建设性的方式还是批判性的方式呢？其实二者在思政课教学中是辩证统一的关系，建设性反映了思政课教学中矛盾的统一性，而批判性则反映了思政课教学中矛盾的特殊性和多样性，建设性蕴涵着批判性，为批判性提供标准，批判性以建设性为基础，为建设性服务。思政课的本质决定了教师对理论和社会问题的分析以建设性方式为主，以批判性为辅，力求通过一系列的教学活动对学生的思想政治道德素质发挥积极作用，使学生形成与社会要求相一致的价值观念和行为习惯。思政课教学要坚持建设性，即正面宣传社会主义主流意识形态，弘扬社会主义核心价值观，传播促进社会发展的正能量，这是思政课应当遵循的基本方针。同时，思政课也要坚持批判性，既要批判错误观点和思潮，又要引导学生正确地看待问题和解决问题。建设性重在肯定成就、正向引导，批判性重在聚焦问题、明辨是非。建设性是思政课的主要解析方式，而批判社会问题最终还是为了更好地建设和改造社会现实，并不是一味地否定。

总之，推进高校思政课多元混合教学模式创新，意在实现统一性与多样性的辩证统一发展，在坚持统一性中实现多样性，在坚持多样性中更好地坚持统一性。

六、高校思政课多元混合教学模式创新要协调各种影响因素以形成合力

思政课是落实立德树人根本任务的关键课程，高校思政课是对大学生进行思想政治教育的主渠道和主阵地。然而，对于思政课的课程目标和教学目标而言，仅凭思政课的单打独斗是很难实现的。一是因为具有独立个性的大学生，有自己的思想和情感，会对环境中的各种影响因素作出反应。二是因为随着社会的快速发展和移动互联网的迅猛发展，社会进入信息大爆炸时代。信息大爆炸在给人类生产生活带来便捷的同时，也对人的信息鉴别能力提出挑战。大学生作为年轻人，对这个新兴的世界充满好奇和渴望，网络上鱼龙混杂的各种信息必然会对他们的思想观念产生各种影

响。即使在大学校园内，也存在着一些与思政课课程目标不一致的影响因素，对思政课教学效果产生减损。如少数非思政课教职员工对思政课功能的认识存在偏差，会在有意无意间表达对思政课的错误言论，影响学生对思政课的学习态度；又如少数管理者在管理中的表现与思政课所倡导的“为人民服务”的人生观不符等。这些现象和问题会严重影响思政课目标的达成。因此，要协调各种影响因素，促成各种影响因素同向发力，形成育人合力。

“八个统一”中的“坚持显性教育和隐性教育相统一”，集中反映了思政课建设过程中协调与控制各种影响因素，使之同向发挥作用的规律。显性教育是指具有明确的教育目的、教育目标、教育方案等一系列教育教学规划的教育因素。思政课属于显性教育，不仅有明确的教学目标、教学计划等教学方面的制度性安排，而且学生也清楚地知道自己在接受教育。而隐性教育是指有明确的教育目的，但学生未感受到自己在接受教育的因素。隐性教育对学生的影响是以“润物细无声”“潜移默化”的方式进行的。坚持显性教育和隐性教育相统一，集中体现了协调和控制影响思政课的各种因素，使之同向发挥作用的规律。

推进高校思政课多元混合教学模式创新，一方面要理直气壮地传播马克思主义，竭力培养大学生社会主义核心价值观，增强思政课教学的实效性；另一方面要统筹协调对思政课产生影响的各种因素，协调控制影响大学生思想品德发展的各种因素，使它们与思政课一起发挥正向作用，为大学生的健康成长创造积极的环境条件。与此同时，还应该挖掘隐性教育因素，如学校的建筑和设备、教室的布置、大学生的社团活动、学风、班风、校风等，使它们融合在课程教学、校园和班级活动之中，通过日常生活学习和课外活动等引导大学生遵规守纪，培养大学生社会主义核心价值观，坚定“四个自信”，从而实现显性教育与隐性教育相统一，构建全员全程全方位育人格局。

第五章　遵循“八个统一”创新高校思政课多元混合教学模式的理论构建

“八个统一”为高校思政课教学模式创新提供了根本遵循，指明了高校思政课教学模式创新的基本方向。为了实现深化理论认知、价值观念培养、实践能力提升的三位一体的课程目标，在完善理论讲授教学模式的基础上，借助现有条件，充分发挥思政课教师和学生的主观能动性，在教学实践中创新了实践教学模式、网络教学模式、自主探究教学模式和隐性教学模式，并针对不同的教学内容进行选择和应用，在教学目标上相互配合，在教学方法上相互借鉴，在教学环节上相互渗透，在教学效果上相互强化，有力促进了高校思政课教学的政治性和学理性、价值性和知识性、理论性和实践性、建设性和批判性、主导性和主体性、统一性和多样性、灌输性和启发性、显性教育和隐性教育相统一，为培养有理想有本领有担当的时代新人积极探索，充分发挥高校思政课落实立德树人根本任务的主渠道和主阵地作用。创新实践教学模式，实现理论讲授与实践体验相结合，促进思政课教学的理论性和实践性相统一；创新网络教学模式，实现线上与线下相结合，促进思政课教学的统一性和多样性、灌输性和启发性相统一；创新自主探究教学模式，促进教师主导和学生主体相结合，实现主导性和主体性、建设性和批判性相统一；创新隐性教学模式，促进显性思政课与隐性思政课相结合，实现显性教育和隐性教育相统一，进而更好地用学理性彰显政治性，用知识性凸显价值性。需要注意的是，下文虽然着重从实践教学模式、网络教学模式、自主探究模式和隐性教学模式四个方面分别探索高校思政课多元混合教学模式的理论构建，但是，高校思政课教学模式丰富多样，高校思政课多元混合教学模式也并不仅限于这四种教学模式的选择和组合排列。

第一节　高校思政课实践教学模式创新的理论构建

实践教学模式，是指在理论联系实际教学理念的指导下，为了深化理论认知，提高实践能力，养成良好的行为习惯，教师有计划、有组织、有步骤地实施一系列实践活动的教学过程。理论联系实际是实践教学模式的理念指导，是教师运用实践教学模式的理论依据和行动指导。实践教学模式的主要环节和过程为：根据教学目标和内容选择实践教学形式，设计实践教学方案，组织实施方案并进行评价反馈等。其中实践教学方案主要包括实践教学目标、主题、任务、步骤（环节）、时间、地点、成果形式等要素。实践教学模式相较于课堂讲授教学模式，具有一定的教育优势。如果在思政课教学中，根据教学目标和教学内容需要，在课堂讲授教学模式基础上采用实践教学模式，实现两种教学模式的混合使用，会达到一加一大于二的教学效果。实践教学模式是巩固理论知识和深化理论认知的有效途径，是培养具有实践能力和创新意识的高素质人才的重要模式，是理论联系实际、培养学生掌握科学方法和提高动手能力的重要途径，有利于学生家国情怀的涵养。

一、实践教学模式的教育价值

（一）有利于学生理论认知的深化

马克思主义认为，实践是理论的来源，实践是检验真理的唯一标准，实践需要理论作指导。毛泽东的《实践论》揭示了人类认识过程中实践与认识的基本关系与矛盾运动过程，并将实践与群众运动结合起来，毛泽东指出："从群众中来，到群众中去……再从群众中集中起来，再到群众中坚持下去。如此无限循环，一次比一次地更正确、更生动、更丰富"[①]。学生在课堂的理论讲授教学活动中，从教师的解析中认知、理解和掌握相关理论知识，这是长期以来高校思政课教学的常态，也是学生对思政课教

① 毛泽东选集：第三卷[M].北京：人民出版社，1991：899.

学的认知常态，更是高校思政课教学的主导模式。课堂讲授教学模式也有自身的优势，就是对教学条件要求宽松，如对学生规模没有特殊要求，对教师综合素质和能力要求相对不高等。正因为如此，在物质和技术手段较落后的年代，这是最基础也是最可行的一种教学模式。今天，高校思政课教学中，绝大多数采用的教学模式仍然是课堂讲授教学模式。虽然课堂讲授教学模式在组织实施的条件方面具有优势，便于更多学生获得间接经验。但是这一教学模式也具有其自身的劣势，如对学生主体性的发挥和培养形成限制，不利于学生对理论知识的真正理解和把握，不利于学生动手能力的锻炼和价值观念的养成。也正因为如此，在教育教学条件不断发展的今天，我们应该充分利用现有条件，创新实践教学模式，以弥补课堂讲授教学模式的不足。在实践教学模式的组织实施中，学生是真正的参与者、体验者、践行者。在参与、体验和践行中，学生对教师在课堂讲授中传播的理论知识进行亲身验证，在亲身体验中揣摩、思索、感悟，从而加深对理论知识的理解和认识，巩固已经掌握的理论知识。

(二)有利于学生创新意识的培养

实践教学模式是学生真正参与的教学模式，是引导学生深入思考的教学模式。通过一系列实践教学环节的推进，学生不仅要参加实践活动，而且要独自完成教师布置的一系列实践教学任务。在这个过程中，如何理解教学任务，通过什么样的途径完成教学任务，和谁一起完成任务，与同学如何分工协作等，都需要学生自己独立完成，教师仅仅成为站在学生背后的指导者。因此，在实践教学活动中，学生的主体性得以充分发挥，这是其一。其二，学生在参加、体验和思考的过程中，对教师在课堂上传授的理论知识或者从书本上得来的理论见解可能会产生新的体验和感悟，在主体性的发挥中，创新意识也得到了培养和强化。可以说，对学生主体意识的培养本身就是在为学生创新意识的培养创造前提条件。因为创新的前提是有创新的主体，而创新的主体必定是有主见、善于思考、不断探索的主体。实践教学模式真正使学生成为教学活动的主体，使其能在自主意识的支配下，在教师的指导下开展一系列实践活动，天性获得解放，个性得到张扬，主体性充分得以实现，这些为培养学生的创新意识准备了充分条件。

（三）有利于学生实践能力的锻炼

在课堂讲授教学模式中，教师主要通过理论讲授的方式对理论知识进行讲解分析。但是，无论教师运用了什么样的教学方法，只要教学过程停留于课堂，对学生而言，这一系列过程就只能激起学生的联想、思考等主观思维活动，无法锻炼学生的实践能力，如设计、规划、组织、协调、合作等能力。长期以来，由于高校思政课教育教学活动主要停留在课堂上，甚至只有课堂讲授这一种教学模式，从理论到理论，尽管教师们也想方设法采用了多种教学方法，但也只能锻炼学生逻辑思维能力，无法培养学生的实践能力。这种单一的课堂讲授教学模式往往导致“高分低能”现象的出现。而实践教学模式正好能弥补课堂讲授教学模式的这一不足，充分锻炼学生的实践能力。学生在教师的指导下，亲身参加实践活动各个环节，从组建团队、规划路线、设计方案到实施方案等环节，学生都参与完成，在这一过程中，学生不仅锻炼了思维，而且锻炼了实践能力，从而实现理论思考能力与实践能力相结合，促进学生全面发展。

（四）有利于学生家国情怀的涵养

学生通过参加一系列实践教学环节，与历史相会，与文化相交，与社会沟通，与环境交流，不仅深化了对课堂上学到的各种理论知识的理解，锻炼了各种能力，增强了自主和创新意识，而且开阔了视野，获得许多在课堂上学不到的经验和感悟，更加懂得历史、理解政治、包容社会和珍惜环境，从而懂得宽容、理解、尊重与感恩。而高校思政课实践教学模式的运用，就是要通过一系列实践教学活动的实施开展，让学生在“四史”学习中坚定“四个自信”；在传承和弘扬中华优秀传统文化和中国革命文化中深刻读懂中国特色社会主义文化的科学内涵，领略中华文明的魅力；在坚持和发展中国特色社会主义历史进程中继承并弘扬社会主义核心价值观；在参加各种实践教学活动中感悟新时代中华儿女的家国情怀，从而能够辩证地看待和处理家国关系、个人与社会的关系，厚植家国情怀。

二、实践教学模式创新的理论逻辑

(一)马克思主义实践观是构建实践教学模式的理论指导

马克思主义哲学是实践哲学，正如马克思所言，“全部社会生活在本质上是实践的”①。实践性是马克思主义理论体系区别于其他理论的鲜明特征。马克思主义不是脱离实际的书斋理论，而是扎根实践、服务实践、改造实践并在实践中不断发展的科学理论体系。首先，马克思主义实践观中的“实践”是人的感性的 、物质的活动，而非抽象的思维活动。实践活动的主体即社会的人，在进行实践活动时都持有一定的目的，实践活动目的无论实现与否都会在人的意识中留下深刻印象，实践因此成为获取知识的重要来源。而实践主体要想通过实践活动达到目的就必须遵循事物运动变化的规律，在此基础上运用各种物质的手段同实践对象相互作用，才有可能取得实践的成功。正是因为这样，实践活动才能成为人们认识的直接来源，人们也才能从实践活动中、从实践的成功和失败中获得关于实践对象和实践过程的认识。其次，马克思主义实践观中的“实践”是主观见之于客观的东西，是需要实践主体即社会的人发挥自己主观能动性的活动。正如毛泽东所言：“思想等等是主观的东西，做或行动是主观见之于客观的东西，都是人类特殊的能动性。这种能动性，我们名之曰‘自觉的能动性’，是人之所区别于物的特点。”②要追求主观与客观相统一，就需要发挥人的主观能动性。最后，马克思主义实践观中的“实践”是不断发展的社会实践。实践活动是人们在一定的社会历史条件下展开的活动，是人们在社会关系中进行的活动，而不是抽象的人在社会之外所进行的孤立的活动，因此，马克思主义实践观中的“实践”具有历史性和社会性。

推动高校思政课实践教学模式创新，让学生在鲜活的实践活动中成为自己的主体。他们为了完成实践教学任务，将会真正发动自己内在的学习

① 马克思恩格斯选集:第一卷[M].北京:人民出版社,2012:135.

② 毛泽东选集:第二卷[M].北京:人民出版社,1991:477.

动力，开动自己的大脑思考一切需要解决的问题，并亲自将这些主观设计落实在行动中，从而真正充分发挥自己的主观能动性，这也有助于学生成长为一个自觉主宰自己命运的个体。与此同时，中国特色社会主义进入新时代，我国经济、政治、社会、文化、生态等领域日新月异，综合国力日益增强，这些都为高校思政课创新实践教学模式创造了丰富的实践条件和资源。通过参加实践教学活动，让学生从历史和现实中感受中国精神，既能用历史视野来看待新时代中国特色社会主义的巨大优越性，也能从新时代、从现实反思历史，真正学会如何运用正确的历史观分析和对待历史，从而更好地走好今天的路。总之，通过实践教学模式的创新和探索，能让大学生深刻地感受到时代的发展和进步，有助于培养大学生的时代责任感和使命感，进而更好地融入社会，成为社会发展和进步的推动者。

(二)中国传统文化的“知行合一”思想是构建实践教学模式的文化基础

思政课的根本任务在于立德树人，而“立德”也好，“树人”也罢，从来都不是纯粹的理论问题或者思想问题，只有与行为统一起来才能改造个体，从而促进社会的发展，而这早已是我国传统文化所揭示的规律。在我国传统文化里，对“知行”关系的探讨始终是一个焦点问题。如“仁”是儒家思想的核心，孔子对“仁”的理解是与实践紧密联系在一起的，“能行五者于天下，为仁”，这五者为“恭、宽、信、敏、惠。恭则不侮，宽则得众，信则人任焉，敏则有功，惠则足以使人”。孔子认为，思想和行为应该是一致的，言行不一是令人羞耻的，正所谓“古者言之不出，耻躬之不逮也”[①]。荀子也主张行为和实践对人格修养的重要意义，他说：“道虽迩，不行不至；事虽小，不为不成。”[②]即强调在修身养性上踏实笃行的现实价值。我国明朝哲学家王阳明更是把“知行合一”看作是处理知行关系的根本原则，甚至把“知行合一”当作自己哲学的本体，是治疗一切形式的“知行二分”疾病的良方，他说：“某今说个知行合一，正是对病的药。”即“知行合一”是治疗“外心求理”“沉湎经书”“言行不一”

① 张继缅.中华儒学精髓[M].北京:中国物资出版社,1995:35-36.

② 张觉.荀子译注[M].上海:上海古籍出版社,1995:25.

“轻忽念头”“冥行虚知”的良药。[①]朱熹也强调躬行对提升道德修养的重要意义，主张在道德上要自觉践履，躬行实践，则知行才能相互促进，日益精进，“方其知之而行未及之，则知尚浅；既亲历其域则知之益明，非前日之意味”[②]。并且说“知之愈明，则行之愈笃；行之愈笃，则知之愈明”[③]，强调知行相辅相成的关系。朱熹还认为行动才是认识“真理”的根本途径，只有身体力行，才能实现对“理”的“顿悟”，他说：“先生教人自致知至于知止，诚意至于平天下，洒扫应对至于穷理尽性，循循有序。病世之学者舍近而趋远，处下而窥高，所以轻自大而卒无得也。”[④]中华传统文化的知行统一思想如繁星闪烁，既揭示了人的思想政治道德素质形成发展的基本规律，也为我们今天的思政课改革创新提供了丰厚的文化滋养。

高校思政课的根本目标是培养全面发展的社会主义建设者和接班人。“全面发展的人”，从知行关系的角度上，必定是“知行合一”的人。推动实践教学模式创新，正是以促进学生理论知识、价值观念和实践能力全面发展为目标。中国传统文化的“知行合一”思想引导人们以“知”引导“行”，以“行”促进“知”，要求在道德养成中要坚持知行合一，格物致知，强调务实重行的实践精神。推动高校思政课实践教学模式改革，意在思政课教学中贯彻“知行合一”理念，在课堂理论讲授的基础上，引导学生积极参加实践教学，增强道德践履意识，将理论知识运用到实践活动中，用理论知识指导实践活动，并且在实践中深化理论认知，从而实现内化和外化的统一，最终实现“知行合一”。因此，创新高校思政课实践教学模式不仅契合了我国传统文化的“知行合一”思想，更是对传统文化“知行合一”思想的继承和弘扬。

---

① 李承贵.王阳明“知行合一”论五种旨趣[J].天津社会科学，2021，236(01)：56-62.

② (宋)黎清德.朱子语类[M].王星贤，点校.北京：中华书局，1986：148.

③ (宋)黎清德.朱子语类[M].王星贤，点校.北京：中华书局，1986：281.

④ (宋)朱熹，(宋)吕祖谦.朱子近思录[M].严佐之，导读.上海：上海古籍出版社，2000：18.

（三）人的思想行为变化发展的基本过程和规律是构建实践教学模式的学科基础

人的总体面貌由两个方面决定，一是思想，二是行为。虽然思想和行为之间相互作用、相互影响、相互转化、相互促进，但是思想和行为之间也存在相互对立、相互背离的情况。学校思政课教学是否有效，主要看教师所传授的理论知识、思想观念、行为规范等是否为学生所接受，并成为其主观意识的一部分，在其思想政治品德当中是否增加了新质，他们的行为是否已得到改善，是否形成了社会所期望的行为习惯。人的思想政治品德的形成发展涉及两个基本范畴，即内化与外化。内化是指在思政课教学过程中，受教育者在教育者的帮助下将社会发展所要求的思想观念、价值观点、道德规范纳入自己的态度体系，使之成为自己品德意识体系有机组成部分的过程。外化是指受教育者在教育者的引导下将自己已经形成的品德意识转化为行为表现和行为习惯的过程。[①]高校思政课是对大学生进行思想政治教育的主阵地，一方面，思政课教师要向学生传授理论观点，培养学生正确的价值观念，这是内化的过程；另一方面，思政课教师要力求塑造学生正确的行为习惯，这是理论知识和价值观念外化的过程。内化和外化是思政课的两个基本范畴，二者紧密联系，又有区别。内化和外化虽然是人的思想政治品德形成和发展过程中的不同阶段，但是又紧密联系，彼此促进，内化是外化的基础和前提，外化是内化的表现和确证。因此，人的思想政治品德形成发展过程中要实现内化向外化的转化就必须有媒介，其中最重要也是最根本的媒介就是实践活动。思想要外化为行为或行为习惯，需要通过不断的实践活动来强化思想观念，巩固特定的行为或行为习惯，直到一定的行为或行为习惯得以养成。高校思政课实践教学模式创新正是遵循思想政治品德形成发展的基本过程和规律的需要。

推动高校思政课实践教学模式创新，本质上就是要调整内化与外化之间的关系，使学生思想政治品德形成发展的这两个阶段都能呈现在思政课教学过程中，助力内化和外化，以增强思政课教学的实效性。如果思政课

① 陈万柏，张耀灿．思想政治教育学原理[M].3版．北京：高等教育出版社，2015：10.

教学仅仅停留于课堂讲授教学模式，学生思想政治品德的形成可能只有内化的过程，甚至内化的过程也是不完整的。这对于思政课课程目标的实现来说是很不利的，也不符合人的思想政治品德形成和发展的规律。在课堂理论讲授的基础上，创新实践教学模式，带领学生进入实践活动环节，通过在实践中体验和感悟，深化学生对理论知识的认知，同时培养学生的实践能力，使之养成一定的行为乃至行为习惯，最终实现知行统一、知行合一，促进学生思想政治品德的全面发展。

三、高校思政课实践教学模式创新的挑战和困境

新时代，在思政课改革创新的大形势下，各高校不断探索实践教学模式，在实践教学方面取得了一定的成绩，但仍然存在不少挑战和困境。

（一）混淆了实践教学方法与实践教学模式的内涵

自从高校思政课改革创新以来，实践教学改革创新的探索就未停止过。然而，在尝试实践教学的改革中，实践教学应该是一种教学方法，还是一种教学模式，在理论研究上未作严格的区分。新中国成立以来，关于实践教学方法的理论探索和实践改革从未停止过，尤其是改革开放后，相关的理论探讨就更多了。在中国知网数据库中，以"实践教学""实践教学方法"和"实践教学形式"作为"篇名"进行检索，以"实践教学"为题名的文章占多数，题名明确为"实践教学方法"的其次，还有少数以"实践教学形式"作为文章题名。但是，就其中的论述而言，不管题名中用的是什么概念，其实质都是从"教学方法"角度阐述"实践教学"的。而以"实践教学模式"为"篇名"进行检索发现，理论界自20世纪90年代才开始对"实践教学模式"进行理论研究，即便如此，其中一些论述仍然是从"教学方法"的角度进行论述的，也就是说，虽然文章题名冠有"实践教学模式"一词，但实际上是对实践教学这种"教学方法"进行阐述，而非"教学模式"。总体来看，大多数研究中并未严格区分"实践教学方法"和"实践教学模式"，而是混淆了二者关系，甚至在表述上存在含混不清的情况。这也说明对于"实践教学模式"的理论认知问题还需要

作进一步研究，以期明确其基本内涵。

（二）实践教学改革中普遍存在“有活动、无模式”的现象

近些年来，一些高校积极探索思政课实践教学改革，取得了一些改革创新成果和经验。但是总体来看，由于学生规模过大和经费有限等原因，在推进实践教学改革过程中，高校思政课普遍的做法是组织开展一些较为简单的实践教学活动，如将学生带到一些革命教育基地、乡村振兴示范村、工厂企业等进行参观考察。从本质上看，这样的实践教学活动只是教学模式中的一个环节，甚至是教师在某一个教学环节组织开展的一个活动。在高校思政课教学中组织开展实践教学活动，在一定程度上丰富了教学形式，有利于学生在一定程度上接触社会和了解社会，但是也存在诸多不足。首先，时间短，学生体会浅。由于考虑到学生安全等因素，作为教学模式中的一个环节，甚至只是某个环节上的一个教学活动，所花时间都比较短，一般用半天到一天时间组织开展实践教学活动，如上午参观考察，下午急急忙忙往回赶，甚至只用半天时间活动就结束了。有的回校后在实践教学活动的基础上要求学生写一个心得体会。这种实践教学活动只能是走马观花，既无前期的认真准备和教学设计，又无后续的任务跟踪和落实，很难促进理论学习和实践体验相统一。其次，教育意义弱，甚至适得其反。由于时间短，体会浅，实践教学活动对理论知识的深化理解和一定行为习惯的养成意义较弱，导致实践教学活动仅仅停留于“实践”本身，缺乏对学生的教育意义。不仅如此，这对于具有一定独立思维能力的大学生而言，他们可能会在一定程度上体会到思政课教学的“敷衍”，反而导致学生对实践教学活动甚至对思政课教学产生厌弃情绪，这对思政课教学的实现目标而言，适得其反。

（三）实践教学对象的覆盖率低

由于高校招生处于扩张之中，高校班级规模均较大，而高校思政课教师编制是有限的；同时，组织大规模的学生开展实践教学活动难度大，所受限制也较多，如场地问题、经费问题、安全问题、交通问题，等等，如

果没有学校层面从人力、物力等方面进行协调统筹，仅凭思政课教师来解决这些问题几乎是不可能的。因此，高校思政课组织开展实践活动时往往选派学生代表参加，导致参与实践教学活动的学生人数非常有限。如一些高校或班级只是选拔几个或十几个学生为代表参加实践教学活动，或者组织学生参加暑期社会实践，以此当作实践教学活动，或者利用周末，思政课教师组织多则十几个或几十个学生开展实践教学活动。由于实践教学对象的覆盖率较低，因此，组织开展这样的实践教学活动实际上起不到教育的目的，而让一些大学生被动地参与实践教学活动，对于参与实践教学活动的大学生而言，教育意义也非常有限，实践教学目标也很难实现。

（四）组织开展实践教学缺乏制度支撑

要使高校思政课实践教学活动取得实效，首先需要激发思政课教师的积极性。教师是组织开展思政课实践教学的关键主体，思政课实践教学活动开展效果如何，直接取决于思政课教师的态度。对于大多数教师而言，推进思政课实践教学活动改革创新并且取得实效，仅仅凭借热情是不够的，还需要有较为完备的制度支撑。从目前实际情况看，大多数高校对思政课实践教学活动创新还没有提出具体的制度要求，还停留在提倡层面，对实践教学模式更是没有要求。组织开展实践教学活动创新往往是少数优秀教师的教学探索行为，而缺乏相关的制度安排，如组织实践教学活动的基本要求、对教师实践教学行为进行考核的制度规范、对教师组织开展实践教学活动的相关保障机制，等等。在这种情况下，对自己的教学要求严格、职业责任感强烈的思政课教师会探索实践教学改革，以增强思政课的实效性。而对于大多数教师而言，在不影响自己工资福利待遇和职称晋升的情况下，一般都持"多一事不如少一事"的态度对待实践教学活动创新问题。在没有制度规定下，一些思政课教师甚至因为担心推动实践教学改革创新会出现意想不到的"事故"而停止探索的脚步。因此，虽然实践教学对学生深化理论认知、培养正确的价值观和养成良好的行为习惯大有裨益，但是真正推进实践教学改革创新却需要满足诸多条件，其中推进高校思政课实践教学改革广泛而持续地开展下去的根本保障就是制度安排。

四、高校思政课实践教学模式创新的基本原则

(一)坚持理论和实践相统一原则

创新思政课实践教学模式是为了加强理论与实践的联系，促进学生对理论知识理解的深化，增强运用理论分析和解决实际问题的能力，并在实践中不断坚定崇高理想信念，培养并践行社会主义核心价值观，提高道德修养，实现知行统一，成长为有理想有担当有本领的时代新人。因此，推进思政课实践教学模式创新，必须坚持理论与实践相结合的原则。首先，在理论知识讲授教学模式的基础上必须组织实施实践教学模式。思政课既有较强的理论性和学理性，也有较强的实践性和应用性。高校思政课所传导的理论知识和价值观念，不是用来看的，而是用来指导大学生的思想观念的，用来改善大学生的行为习惯的。高校思政课教学效果如何，最终要看大学生的思想和行为是否符合课程目标。因此，高校思政课教师在讲授理论知识的过程中，应结合实践教学模式的组织开展，引导大学生进入亲身体验状态，帮助大学生加深对理论知识的理解。同时，为了推进实践教学模式创新，在进行理论知识课堂讲授之前就要做好教学设计，将理论讲授教学模式与实践教学模式衔接起来，在统一的教学目标和教学任务的引导下，使之形成完整统一的教学活动过程。其次，在推进实践教学模式创新中要始终坚持一定理念的指导。实施实践教学模式需要正确的理念指导，否则就是盲目的，甚至与一定教学目标背道而驰。在组织开展实践教学模式之前，要对为什么要组织实施实践教学模式，组织实施实践教学模式中的实践教学活动是什么，思政课教师如何引导学生参与实践教学活动，如何激发学生参与实践教学活动的积极性等，都必须在正确理论和价值观的引导下做出解答，并据此来进行教学设计。如“学生中心”和“知行统一”等都是推进实践教学模式创新的现代教学理念，理念不同，实践教学模式及其教学活动就会存在差异。最后，在理论讲授教学模式与实践教学模式的统一中实现思政课的教学目标。实践教学模式不能仅仅有实践教学活动，理论讲授教学模式也不能仅仅停留于学生的想象中，二者应该

在同一教学目标的引导下统一于思政课教学实践。实践教学模式虽然突出“实践”，但是它一定是建立在正确理论指导下的教学模式，推进实践教学模式创新是为了让学生更好地理解理论知识，坚定理想信念，提升分析社会问题、解决社会问题的能力，更好地融会贯通地运用理论知识，进而促进理论与实践相辅相成，实现辩证统一发展。

（二）坚持形式与内容相统一原则

高校思政课教学中，无论是理论教学，还是实践教学，都是为教学目标服务，为学生的健康成长服务，都是为党育人、为国育才。具体来说，高校思政课就是要向大学生传授马克思主义理论体系，培养大学生社会主义核心价值观和高尚的道德品质，坚定“四个自信”，这是高校思政课的教学目标。高校思政课丰富的课程内容是为了实现教学目标服务的，而任何教学模式都是服务于教学目标和教学内容的。与理论讲授教学模式相比，实践教学模式创新强调和突出“实践”，而“实践”的形式丰富多样，但是无论采用什么形式的实践教学活动，最终都要为思政课教学目标和教学内容服务，要坚持形式与内容相统一原则。首先，实践教学活动的形式应为教学目标服务，反映和体现教学目标。实践教学活动具体采用什么样的形式，要看实践教学的预期目标和效果。如要学习和传承革命精神，实践活动的形式可以是考察红色革命基地，缅怀革命先烈，突出革命精神；如果是培养学生马克思主义实践观，增加学生对国情国力的了解，可以采用深入基层的形式，让学生在实践教学活动中了解民情社意，增加与群众接触的机会；又如为了提高学生的道德修养水平，实践教学活动可以采用访谈道德模范人物等先进典型，了解先进人物的“生成记”，也可以让学生自己了解身边的先进典型，激发学生加强道德修养的内在动力；等等。总之，实践教学活动采用什么样的具体形式，要根据实践教学的目标和内容来确定，要为实践教学目标和内容服务，反映和体现实践教学内容，切忌随意确定。其次，实践教学的内容规定形式。实际上，实践教学中采用什么样的实践活动形式并不是随意选择的，而是由实践教学的内容规定的。如要培养学生正确的历史观，从党史学习中坚定“四个自信”，以此作为实践教学的目标，那么在实践教学活动形式上就有一个大致的规定，即组织学生参观考察与新中国史、党史等相关的实践教育基地等。最后，实践教学的形式和内容在相互作用中实现辩证统一发展。如果实践教学活动中，实践活动形式能够充分反映内容，为内容服务，那么实践教学的目标达成的可能性就会提高，而实践教学的内容也规定着实践活动形式，对实践教学活动进行引导。实践教学模式中的形式与内容相互作用，共同促进教学目标的实现。

需要注意的是，组织开展实践教学活动的过程本身也是对学生进行教育的过程，是教育学生注意交通安全、遵守纪律、互帮互助的过程，更是教育学生遵守社会公德的过程。因此，实践教学活动过程切不可草草了事，要对整个实践教学活动的过程进行精心设计，使之成为育人的过程。

（三）坚持实效性原则

所谓实效性，顾名思义就是实实在在的效果，就是在一定教学目标的指引下，通过组织开展一系列教学活动，使取得的实际效果与预期目标相一致，本质上是追求思政课预期目标的实现。在思政课教学实践中，一般而言，教学目标都是明确的，但是如何实现教学目标以及在多大程度上实现教学目标则取决于思政课教师在职业专业方面的综合素质。因此，不同的教师通过组织开展一系列教学活动，实际取得的效果与预期目标是有差距的，有的实效性强，则与预期目标接近，有的实效性弱，则与预期目标相去甚远。创新思政课教学模式的现实逻辑就是要解决教学实践中存在的各种各样的问题，以增强思政课的实效性。创新实践教学模式的目的也在于此。首先，实践教学模式创新要遵循思想政治教育和人的思想品德形成发展的规律。增强思政课教学的实效性，首先要保证思政课教学活动的科学性。思想政治教育有其自身发展的规律，人的思想品德形成和发展也有其规律。而思政课是对学生进行思想政治教育的主渠道，旨在促进学生思想政治品德素质和能力的形成和发展。因此，思政课理应遵循思想政治教育的基本规律，这是保证思政课教学活动科学性的前提。其次，要根据学生身心发展特点创新思政课实践教学模式。提高思政课的针对性是增强思政课实效性的关键条件。那么，如何提高思政课实践教学模式的针对性？这就需要正确认识和把握学生，掌握他们的思想政治道德素质和能力的实际情况，准确把握他们的身体心理发展水平和特点，了解他们的思想动态等，在此基础上创新实践教学模式，设计实践教学方案，进而实施实践教学，有针对性地解决学生的思想困惑，从而增强思政课的实效性。最后，实践教学模式创新与理论教学模式创新相结合。正如前文所述，实践教学模式的组织和开展，并不仅限于实践教学活动本身，而是与理论教学一同构成整个教学过程，与理论教学模式相辅相成，相互作用，共同促进教学目标的实现，增强思政课教学实效性。

第二节 高校思政课网络教学模式创新的理论构建

随着互联网的普及和计算机信息技术的不断发展，网络逐渐进入教育教学领域，成为教学的重要帮手，“网络教学”概念随之兴起。近些年来，随着移动互联网的迅速发展，网络教学平台日益丰富和成熟，网络教学也从过去的借助聊天室、电子信箱、BBS论坛等简单的手段发展到如今的各种网络教学平台、微信和QQ等客户端，可以不受时空限制地开展教学活动。在我国，为了应对新冠疫情的冲击，高校普遍推行网络教学，使网络教学的普及性较高。各种网络教学平台在网络教学过程中发挥着不可替代的作用，这也为网络教学模式创新和运用提供了机会。那么，什么是网络教学模式？它有哪些特点？如何构建和运用？这些是本节内容要探讨的问题。

一、网络教学模式的含义和特点

网络教学模式是指以计算机互联网为手段，在互动和共享教学理念的指导下所开展的一系列教学活动的过程。移动互联网时代，是一个网民平等互动和信息共享的时代，这是所有教育教学活动的时代背景，也是所有学生成长的重要的时代标志。教育教学活动要与时俱进，紧跟时代发展步伐，就必须将互联网技术引入教育教学中，培养学生的网络素质和信息加工能力。网络教学模式正是在互动和共享教学理念的指导下逐步形成和发展的。网络教学模式与传统的线下教学模式相比，有其自身的特点：

一是教学活动不受时空限制。线下教学活动受时间限制，学生与教师的沟通交流只能在教师的上班时间，教师下班以后，很难或者不能与教师再进行沟通交流。与此同时，线下教学活动在空间上也一样受到限制，线下教学模式中，学生与教师之间的交流主要限于教室、操场、办公室等校园范围内。而网络教学突破了时空限制，尤其是在移动互联网时代，学生无论是学习上遇到问题，还是思想上产生困惑，都可以随时随地通过网络终端向教师提出自己的问题，以得到教师的解答和帮助。因此，网络教学可以及时、高效地解决学生的问题，大大提高了教学效率，增强了学生学习的及时感和获得感。

二是教学活动具有鲜明的平等互动性。虽然现代教育教学活动，提倡师生之间应该建立平等民主的关系，强调师生之间的互动，但是由于教师教学风格各异，如有些教师在教学活动中比较严肃，缺乏亲近感，有些教师则维护着师道尊严，不愿与学生平等互动，还有些教师因为时间空间的限制，与学生平等互动机会有限，等等。这就使得学生与教师之间存在一定的距离，甚至让学生对教师产生畏惧感。在这种情况下，很难让学生在直接面对教师的情况下轻松与教师沟通交流，甚至把自己的苦恼向教师倾诉。总之，在线下教学活动中，现代教育教学理念虽然强调师生关系的平等，但是在教学实践中，实现真正平等的师生关系又受到许多条件的限制，教师强—学生弱、教师主体—学生客体的关系在教学活动中仍然普遍存在。网络教学借助计算机和互联网技术，让师生关系实现网络化，由此师生关系在网络上就具有了与线下不同的特点。如师生关系由线下直接关系变为了间接关系，由线下面对面的零距离关系变成了远程交流关系，由线下教师主导关系变成网络上无中心关系，甚至学生可以选择匿名进行互动。在这种情况下，学生更敢于表达自己，教师在网络环境中也会放松自己，将自己还原为青年大学生健康成长路上的“知心人”，从而实现真正的师生平等互动，拉近师生之间的距离。

三是教学活动具有资源共享性。一般而言，在线下教学模式中，教师掌握着教学资源，包括各种权威资源，教师也因此获得了在教学中的权威地位。学生在学习中由于缺乏相关信息资源，导致在学习过程中必须依赖教师，这一方面不利于学生自学能力的培养，另一方面也限制了学生主观能动性的发挥，对提高教学和学习效率都不利。而在网络教学模式中，教师可以将教学资源很方便地与学生分享，如线上优质课程资源、实践实训信息资源、教辅信息，等等。一方面，学生能够方便地通过网络及时收到教师分享的教学资源，并根据学习目标和教学任务提前做好功课，开展自主学习。另一方面，也有利于建立平等的师生关系，有效促使教师更加注重教学过程设计和学习方法的教育。这有利于激发学生学习的自主性，培养学生自学能力，为实现学生的全面成长提供条件。

二、高校思政课网络教学模式创新的现实逻辑

网络技术和信息技术相结合，不仅给人类生产生活带来巨大便利，而且为人类生产生活赋予了新的环境系统。对思政课来说，教育信息化的迅猛发展在给思政课带来新的发展空间的同时，也对思政课提出了新要求。

（一）互联网已经成为高校思政课的重要阵地

近年来，我国互联网规模不断壮大，互联网产业不断发展。2022年2月25日，中国互联网络信息中心发布的第49次《中国互联网络发展状况统计报告》显示，截至2021年12月，我国网民规模达10.32亿，互联网普及率达73.0%；我国手机网民规模达10.29亿，网民使用手机上网的比例为99.7%。[①]互联网在居民出行、健康防疫、产业发展、消费支付、技术创新、数字政府建设等方面做出了突出贡献。在教育教学领域，互联网同样发挥着重要作用，尤其是在新冠疫情形势严峻时，为了避免因为接触带来的疫情扩大化的风险，互联网为师生开展线上无接触教学活动提供了关键手段。随着教育教学领域软件的不断开发和使用，网络教学模式也日益成为师生的一种重要选择。

---

① CNNIC发布第49次《中国互联网络发展状况统计报告》[EB/OL].http://www.cnnic.net.cn/gywm/xwzx/rdxw/20172017_7086/202202/t20220225_71724.htm.

首先，互联网已经成为学生获得各种信息的重要载体。互联网重要的优势在于其信息承载量巨大，为学生获取学习所需要的资料提供了多种可能，是学生获取知识的重要来源。而网络信息中存在的负面信息往往会给学生带来一些消极影响，这就给思想政治教育和思政课带来挑战。

其次，互联网已经成为学生学习生活的重要方式。互联网不仅给人们获取各种信息提供了重要来源，而且给人们的生产生活带来了诸多便利，成为人们生产生活的重要存在形式。善于学习新知识的当代大学生更是离不开互联网的使用，他们利用互联网开展学习、组织各类活动、参加兼职、娱乐、交友、参与社会管理，等等，可以说，互联网已经全面渗入学生的学习生活。在这种情况下，如何引导学生正确利用互联网及其信息资料就成为思政课的重要课题。

最后，互联网已经成为敌对势力“反华”的重要阵地。从中华人民共和国成立以来，各种敌对势力对社会主义中国和中国共产党的“围剿”从未停止过，只是在不同的历史阶段表现形式有所不同而已。而随着互联网的兴起及其在中国的迅猛发展，互联网已经成为敌对势力“反华”的重要阵地，他们利用网络的隐蔽性、信息发布主体的草根性以及所谓的“自由、民主、人权”的幌子，通过玩弄摆拍、阴阳镜头、肆意抹黑、混淆视听、偷换概念等手段，企图迷惑中国的年轻人，以此达到破坏中国的稳定发展、颠覆中国政权、搞乱中国的目的。因此，互联网已经成为意识形态斗争以及与敌对势力争夺中国年轻人的重要阵地。作为承担着为党育人、为国育才使命的思政课，占领互联网，教育培养有理想有本领有担当的时代好青年是时代赋予的历史重任。

（二）互联网已经成为高校思政课教学改革的有效工具

自互联网诞生以来，尤其是互联网技术与信息技术相结合，颠覆了人类获得信息的方式。互联网上的海量信息为人类生产生活带来了诸多便利，同样给高校思政课教学带来了便捷，为教学活动提供了丰富的信息资源，为推进网络教学模式改革创新创造了条件。

首先，互联网上有着丰富的支撑网络教学模式的信息技术工具。互联网为支持网络教学模式创新所提供的信息技术工具主要有：一是硬件服务工具，包括BYOD如笔记本电脑、IPAD、智能手机，公有云如百度网盘、开放资源等，私有云如校园网络课程、图书馆数据库等，还有连接设备如校园网、4G网、VPN等；二是软件服务工具，包括智慧教学工具如雨课堂、超星学习通等，信息管理工具如搜索引擎、Office、概念图等，知识管理工具如云存储、网络书签等，社交网络工具如微信、QQ、微博等，开放资源如MOOC、SPOC等。这些为创新高校思政课网络教学模式提供了便捷工具。

其次，互联网为思政课教学活动提供了各种信息资源。正是借助以上信息技术工具，一方面，互联网成为人们创建智力成果的大平台，各种社会组织和网民通过视频、文字、图片、音频等方式向互联网各大信息技术工具上传各种信息。另一方面，人们也可以从互联网上轻松便捷地获得自己所需要的各种信息资料。互联网上关于思政课方面的相关资料信息也十分丰富，不仅有相关的理论知识、最前沿的学术成果，而且有社会新闻热点问题、各类广播影视作品、人物历史传记，等等，这为思政课教师在互联网上搜集各种教学资料、组织教学活动提供了便利。

最后，网络话语丰富了思政课的教学话语。今天的大学生是伴随着互联网长大的一代，网络话语是他们的第二母语。在“00后”大学生成为主要教学对象的时代背景下，网络话语不再局限于互联网空间，而是已经延展到现实生活中，甚至进入高校的课堂里。同样，在互联网思维的引导下，网络话语在高校思政课教学活动中有时也会发挥着“四两拨千斤”的作用，成为提升高校思政课亲和力和实效性的重要载体。可以说，网络话语给高校思政课教学话语注入了新内涵，今天，网络话语已经成为高校思政课教师日常教学用语的重要组成部分。在教学实践中，网络话语和经典的思政课教学话语之间存在着无法回避的矛盾，能否处理好这种矛盾，关系到高校思政课教学改革的成败。一方面，网络话语的渗透和引入，必然在一定程度上削弱思政课的严肃性和规范性。另一方面，引入网络话语有助于拉近教师与学生的距离，与大学生产生共鸣，有助于增强教学效果。因此，在严谨的教学活动中引入网络话语要注意程度和分寸，让网络话语与大学生的日常生活话语同频共振，进而帮助教师突破理论阐释的瓶颈，在思政课教学中起到“破冰”的作用。

（三）网络教学是培养信息化社会创新人才的需要

习近平总书记指出：“在激烈的国际竞争中，惟创新者进，惟创新者强，惟创新者胜。”[①]中国特色社会主义进入新时代，唯有不断创新，才能迎头赶上，实现中华民族复兴伟业。而新时代的大学生正是实现中华民族伟大复兴中国梦的中坚力量。高校思政课要善于利用互联网技术培养信息化社会的创新人才，这是实现中华民族复兴伟业的必然要求。

首先，网络教学有利于培养大学生的信息素养。具备较高的信息素养是创新人才的基本素质。信息素养具有如下特征：信息素养是一种随着信息社会发展而不断演化的综合能力素养；关注人的能力，注重信息的获取、使用、理解和评估能力，致力于构建终身学习、全民学习的知识型社会；强调信息的隐私权和道德意识，并将其应用于实际问题的解决。[②]信息是重要的社会资源，更是社会环境构成要素之一，它时刻影响着人类社会的发展方向和速度，同时也影响着个人的成长和进步。在传统社会，信息的传递依靠口口相传，信息资源稀少，传递速度和范围有限。随着信息技术和网络技术的发展和融合，信息就拥有了飞速发展的动力，信息迅速实现网络化和现代化，信息化社会随之而来，没有了信息，个人和社会就寸步难行。“00后”的大学生生于信息化社会，长于信息化社会，他们不仅受到信息化社会的影响，而且将来还会成为信息化社会的建设者和推动者，具备一定的信息素养正是创新人才的基本要求。如今，随着互联网技术的迅猛发展，信息已经进入了全面渗透、跨界融合和加速创新的时代。在教育领域，教育与互联网技术和信息技术相融合，实现了教育信息的互联互通共享，这为网络教学创造了先进的技术条件。思政课教学与网络技术和信息技术相融合，无疑为培养学生的网络素养和信息素养提供了新

① 习近平.习近平谈治国理政：第一卷[M].北京：外文出版社，2018：59.

② 于杨，赫明侠.新信息技术环境下高校教师信息素养的内涵要素及其提升路径[J].情报科学，2021，39(12)：32-38.

形式。

其次，网络教学有利于培养学生个性和自主意识。一个充满活力和创造力的社会一定是一个多样且包容的社会，因而个性和自主意识是创新人才的基本素质。线下教学模式一般着重于教学的统一性和普遍性，着眼于学生共同问题的解决而组织开展教学活动，按照一（教师）对多（学生）的形式，以及既定的教学计划和教学方案组织开展教学。而既定的教学计划和教学方案主要是根据指定的教材、确定的教学目标和教学内容、学生的共性及其普遍存在的问题进行设计的，具有突出的统一性要求。虽然线下教学模式也强调因材施教，但是由于学生规模较大很难真正落实。因此，总体来看，线下教学模式对于培养学生的个性和自主意识非常不利，从而削弱了学生的创新意识。时代在变，学生在变，不同的学生在个性、心理、认知、情感、态度等方面存在着差异性，而网络教学模式则很好地解决了难以对学生进行差异性教学的问题，从而有效地提高了教学的针对性。思政课教师针对学生的具体问题，通过网络与学生开展一对一或者有差异性的教学，在保护学生的个体差异性的同时，更有利于学生个性和自主意识的培养，使学生真正成为独特的、唯一的、更好的自己。

三、高校思政课网络教学模式创新的挑战与困境

网络教学模式作为一种全新的教学模式，在高校思政课教学的具体应用过程中也存在一些挑战与困境。

（一）高校思政课网络教学基础设施建设总体质量不高

多数高校尚未针对网络教学构建基础设施，教师在创新和运用网络教学模式时会遇到教学平台缺乏、网络容量不足等问题。首先，学校自建网络教学平台功能有限。一些学校建设有自己的网络教学平台，如思政课中有精品网络教学平台、MOOC教学平台等。学校自建的网络教学平台功能少，很多高校网络教学平台缺乏在线教师指导和师生互动功能，偶有发表评价的功能。总体来看，学校自建网络教学平台还是一个以发布相关信息、浏览信息为主要功能的平台。其次，网络教学资源有限，缺乏拓展

性。一些网络教学平台的教学资源仅仅是传统教学中教学资料的上传，从线下掌握在教师手中转变为线上由师生共享。如各类数据库中思政课教学资源稀缺，很难满足学生的学习需求；思政课教学资源更新速度慢，缺乏时效性；思政课教学资源较为单一，一般都是理论研究成果、先进人物典型等，缺乏深化理论学习、培养核心价值观和提高实践能力的教学资源。这样就无法发挥网络教学资源对学生的知识结构进行补充、对学生的自主学习能力进行挖掘的作用，也未发挥出网络教学平台所具备的辅助及引导功能，无助于思政课教学质量的提升。最后，开展网络教学的网络连接设备相对落后，一上网就卡，大规模、常态化的网络教学活动无法正常开展，阻碍了高校思政课网络教学模式的创新。

（二）高校思政课教师网络教学能力有待提升

对于网络教学，大部分思政课教师都很感兴趣，也能够使用网络教学平台的部分功能，但是能够自如运用教学功能、充分实现网络价值的教师不多。不仅如此，仍有少数高校思政课教师未认识到利用网络进行教学的实践价值，课程教学中只会使用传统教学模式，导致课前备课任务量巨大、课中信息化教学组织不力、课后教学资源更新不及时等被动局面出现。也有少部分年纪较大的教师缺乏运用信息化手段进行移动教学的业务能力，导致网络教学时无法做到有效发掘网络教学资源，无法实时为学生提供学习指导、评价与反馈。[①]还有极少数高校思政课教师抗拒网络教学，拒绝使用网络进行教学。总体来看，高校思政课教师信息素养不足、信息化教学水平低是造成高校网络教学模式创新动力不足、使用率不高、教学效果不理想的重要原因。

（三）部分学生参与网络教学的自主性不高

网络教学模式的组织实施对大学生的自主性要求较高。然而，部分大学生的自主性并不高，导致其参与网络教学的积极性较低，存在敷衍教学

① 罗弦．基于SPOC的大学公共课程信息化教学平台建设及运行研究[J]．情报科学，2019，37（12）：110-113.

任务的现象。首先，筛选网络信息的耗时耗力导致学生降低对自己的要求。由于网络空间的信息资源丰富多样，筛选自己需要的信息必然要消耗巨大精力。网络教学的“主角”是学生，由学生自主完成学习任务，教师只是发挥指导作用。从搜集相关资料信息、制订学习计划，到完成学习任务，一切具体事项都由大学生自主完成。但是由于网络平台上存储有太多的相关信息资源，为了围绕教师的要求完成学习任务，就要求学生对这些信息进行筛选，找到自己想要的信息资料，这是一项耗时耗力的学习过程，如果学生学习耐心较差，这种自主性的学习就很难高质量地完成，最终影响教学效果。其次，网络信息的鱼龙混杂导致学生难以确定自己所需要的信息资料。网络信息复杂多元，表现形式也丰富多样，有视频、图片、文字、音频等等，内容也多种多样。这对大学生是个很大的诱惑，往往会干扰学生自主学习，从而影响教学目标的实现。最后，部分学生对网络教学表现出懈怠状态。由于学生缺乏对网络教学模式的正确认知，虽然在网络教学开展的初期，学生表现出了对网络教学活动的好奇，参与网络教学过程的积极性比较高。如教师在使用雨课堂开展教学时，运用雨课堂的一些功能时，学生们都很感兴趣，抬头率较高。但是随着对网络教学活动新鲜感的逐渐褪去，在缺少强有力的外在约束而自律性又不强的情况下，学生就会对网络教学活动表现出明显的懈怠，如不配合教师推进课堂教学，不按时完成教师在移动客户端布置的练习和作业，不参与师生互动和资源共享。长此以往，必然造成学生的学习效率低下，导致网络教学模式无法顺利有效地开展。

（四）缺乏网络教学模式的制度安排

由于高校领导层对网络教学模式认知水平不同，加上基础设施和经费跟不上等原因，高校思政课网络教学模式创新进展不同，有的高校已经全面铺开，有的高校是部分思政课教师在使用这一教学模式，而有些教师只将网络教学作为辅助手段，采用网络教学模式中的某一个环节而已，等等。一些高校的网络教学模式仍然处于“提倡”层面，通过举行相关比赛活动来提倡或倡导教师创建网络教学模式开展教学活动。之所以高校之间思政课网络教学模式创新水平不同，受诸多因素的影响，如认知和基础设施的原因，但正如上文所述，根本原因还在于相关的制度缺失：一是缺乏全国性的制度安排，二是各高校也缺乏相应的制度安排，包括激励制度和考核制度等。目前高校对思政课的教学评价内容基本停留在学生提交作业，学生平时表现，平时测验及期中、期末考核等方面，缺少专门针对网络教学模式的考核与奖励机制，缺少对师生利用网络教学学习情况的反馈与评估机制，这也是网络教学模式推进缓慢、成效不彰的重要原因。

四、高校思政课网络教学模式创新的基本原则

推进高校思政课网络教学模式创新，要以互动共享为教学理念，一方面要求思政课教师不断提高网络教学能力，能充分运用各种网络教学资源；另一方面要求网络教学设施对教师和学生来说都要方便好用，在教学过程中能方便地实现自由互动共享。

（一）坚持网络教学设施便捷好用原则

开发和利用网络教学设施组织实施网络教学模式创新，主要目的是借助先进的技术手段，拓展思政课的教学空间，丰富思政课的教学形式，弥补思政课线下教学的不足，满足新时代大学生网络信息素养培养的需求。而广大思政课教师愿意充分运用网络教学设施包括网络教学平台来推进网络教学模式创新，前提是网络教学设施具有便捷好用的特点，唯有如此才能达到网络教学的目标。相反，只有少数教师愿意使用网络教学模式，网络优势不能转化为教学优势。

首先，要求网络教学基础设施使用便捷。无论是思政课教师还是学生，绝大多数都不具备信息技术专业知识和技能，如果网络教学平台过于复杂，使用难度较大，必然会消减大家的使用意愿。因此，就需要网络教学平台功能丰富、操作便捷、一学就会。唯有如此，才能推广普及网络教学模式。尤其是对年龄较大的教师而言，虽然单位或平台开发公司会组织培训，但是如果使用起来过程繁琐、操作复杂，他们内心仍然会抗拒使用这一先进手段。除此之外，学校网络基础设施要跟上网络教学发展的需

要，不能经常出现上网卡顿的现象。

其次，要求网络教学平台“好用”。“好用”除了便捷的特点外，是指网络教学平台资源要丰富、教学功能多样、选择多。如从教学平台资源内容看，有讲义、课件、测试题、学习资料、时事热点问题讨论和评议等；从教学资源形式看，有视频、音频、图片、文字等；从教学资源功能看，网络教学平台可以进行在线直播、在线录播、授课、在线考试、互动答疑、师生互动等。同时，要求网络教学平台不仅信息丰富、教学和学习资源充裕，而且分类清晰、检索方便、一目了然。

最后，网络教学平台要做好信息数据的治理。高校思政课是对大学生进行思想政治教育的主渠道，是落实立德树人根本任务的关键课程，事关中国特色社会主义事业的发展，事关国家的前途和命运。同时，网络教学平台又是大学生自主学习的平台，大学生在教师的指导下开展学习。但是由于学生的学习在线上，教师对学生的监管比较困难，因而，网络教学平台虽然是线上平台，但是其所承载的各种信息资源仍应该坚持以马克思主义为指导，符合党的方针政策，坚持社会主义核心价值观。因此，要加强对网络教学平台的监管和治理，保证其信息资源符合社会发展的要求，能够对学生的健康成长发挥积极作用。

（二）坚持与线下教学模式相结合原则

网络教学模式的使用具有诸多优势，能够有效弥补线下教学模式的不足。但是如果仅运用网络教学模式这一单一模式，也存在一些弊端。因此，创新网络教学模式必须坚持线上与线下教学模式相结合的原则，实现一加一大于二的功能效果。

首先，网络教学模式的设计要与线下教学模式相对接。在高校思政课教学中，要树立网络教学与线下教学是一个完整的教学过程的认识，正常情况下，不可将二者分开独立使用。在高校思政课教学中，网络教学模式与线下教学模式结合运用，才能实现教学效果的最大化。同时，两种教学模式在相同教学目标的引导下，要坚持在同一个教学过程中配合使用，以强化教学效果。因此，为了实现同一个教学目标，在对教学过程进行设计时，要实现网络教学模式与线下教学模式的对接，在教学目标、教学任务安排，教学过程展开，教学方法和手段的运用，以及教学效果评价等方面要进行统一设计，相互协调配合。

其次，网络教学平台资源要与线下教学资源相统筹。网络教学与线下教学是一体的，围绕教学目标，统筹调配网络教学资源和线下教学资源。一方面，师资力量、教材、课件、讲义、教学基地、实验室、教学设备等教学资源，无论是线下教学，还是线上教学，都可调配使用，以充分实现教学目标。另一方面，由于线下教学和线上教学毕竟存在差异，所以在教学资源的分配上要有所侧重，如师生及生生互动资源、理论知识小测试等，可以充分利用网络教学资源。总之，教学资源的配置要遵循教学效果最大化原则，怎样有利于增强教学的实效性就怎样来配置。

最后，网络教学效果要与线下教学效果相统一。网络教学与线下教学是整个教学过程的两个不同的构成部分，但都是为了实现同一个教学目标而设计。同时，线下教学效果会影响线上教学效果，反之亦然。因此，在对网络教学效果进行评估时，要将其与线下教学效果统一起来考察，从整体上评估思政课的教学效果。

(三)坚持充分发挥学生自主性原则

网络教学突出的特点就是能够实现学生学习的自主性，使之在教师理论灌输启发的基础上，结合自身学习状态，充分发挥主观能动性，从而实现教学的灌输性和启发性相统一。

首先，思政课教师要做好指导和督促。由于网络具有主体的隐匿性和信息的丰富性的特点，网络教学对学生的自律性要求就特别高。一旦有学生的自律性相对欠缺，就有可能受到网络负面信息的消极影响，或者疏于学习，导致教学效果与思政课教学目标相背离。因此，在推进高校思政课网络教学模式创新和运用中，要求思政课教师要做好对学生学习的指导和督促工作，在明确目标的指引下，启发学生积极思考，使其通过主动学习和独立思考，对理论和现实问题自觉自主地做出判断，并且选择正确的方式方法来应对学习生活中遭遇的各种困难和挑战。

其次，充分发挥学生学习的自主性。网络教学模式的突出优势就是能够充分发挥学生学习的自主性，让学生真正按照自己的设想主动学习，有助于培养学生的主体性。但是网络教学模式优势的发挥并不会因为这个模式的存在而自然而然地实现，而是需要具备一系列条件。因为学生主体性的充分发挥首先需要思政课教师对学生的主体地位有充分的认知，对学生充分发挥主体性的重要教育意义有清晰的认识，同时思政课教师还能够采取正确的方式方法组织实施教学活动，等等，只有这样才能保证学生在网络教学中能够充分发挥其主体性。因此，在网络教学模式的运用中，思政课教师要高度重视学生的主体地位，强调教师要由内向外地引导大学生自主构建知识体系，从而更好地实现价值引领。

最后，重视学生政治鉴别力的培养。政治鉴别力，即对一些社会现象、事件、关系、形势等从政治高度进行鉴别、分析、判断，透过现象看本质的一种能力，是一个人思想观念、理论知识、政治经验、政治立场、政治观点的综合运用。网络教学模式在运用中虽然有思政课教师的引导，但我们仍然要对网络空间信息的复杂性足够重视，增强学生的政治鉴别力才是应对网络信息带来的风险的根本途径。因此，针对网络发展迅猛且网络信息纷繁复杂这一现实背景，高校思政课教师在创新网络教学模式的同时要高度重视培养学生的政治鉴别力，不仅要通过理论灌输将鉴别政治问题的尺子交给学生，而且要在分析现实政治现象、社会热点中培养学生的政治鉴别力，使学生掌握并且会运用分析政治现象和社会热点的正确工具和手段。

（四）坚持增强教学针对性原则

互联网为增强教学针对性创造了有利条件。由于互联网具有互动性强、不受时间和地点的限制，以及匿名性等特点，学生更愿意将自己在学习过程中遇到的问题，或者生活中遭遇的思想困惑发布到网络平台上，尤其是一些自媒体平台。这样，教师就能及时了解学生在理论学习和思想上出现的问题，有针对性地进行解决，从而增强教学的实效性。创新网络教学模式的目的之一在于实现与线下教学模式的辩证统一，以增强高校思政课教学效果，而增强实效性的前提条件之一就是增强教学的针对性。增强思政课教学针对性，就是要求高校思政课要围绕大学生开展教学，围绕大学生的课程学习状况、生活状况以及思想上遭遇的各种困惑等开展教学活动。

首先，要围绕大学生的课程学习状况组织开展教学。一般而言，思政课教学内容对于不同专业的大学生而言意味着不同的难度。对于人文社会科学专业的大学生而言，在教师的理论讲解下基本能掌握相关理论知识，而对理工科专业的大学生而言，要理解和掌握相关理论知识则具有一定的难度。当然，具体到学生个体，有的学生能够顺利理解和掌握，甚至很轻松，而有的学生则很困难。在这种情况下，借助互联网针对学生的理论学习问题开展网络教学，教学的针对性就很强，从而增强教学实效性。对于那些学习上有一定困难的学生，思政课教师就可以借助网络，利用课外时间进行一对一的专门辅导。

其次，要围绕大学生思想困惑开展教学。世界正经历百年未有之大变局，中国特色社会主义进入新时代，国际国内形势发展变化迅速，各种观点、社会现象层出不穷，社会热点、焦点话题变动不居。大学生在面对日新月异的社会时，必然会产生各种各样的思想困惑和不解。而网络是各种声音、各种现象的聚散地，思政课教师运用网络的方式为大学生排除困惑，也能引起大学生的思想共鸣，更易于问题的解决。针对大学生的思想困惑，思政课教师可以有效地借助网络教学平台或微信和QQ客户端，有针对性地组织开展教学，以此增强教学实效性。

第三节　高校思政课自主探究教学模式创新的理论构建

高校思政课推进自主探究教学模式的创新，是贯彻落实“坚持主导性和主体性相统一”的要求，以充分实现学生在教学活动中的主体性，增强思政课教学效果。高校思政课必须坚持正面引导，切实做到灌输社会主义主流意识形态，弘扬社会主旋律，传递社会正能量。这就需要发挥教师的主导作用，给予学生正确的引导。然而，仅仅发挥教师的主导性对于实现课程目标来说是远远不够的。因为现实中存在着各种各样的社会热点问题，这些热点问题既有理论上的，也有学生身边的现实问题，其中还包括错误的或者负面的社会思潮。而学生是社会的人，不可能将学生与这些错误或负面现象隔离开来，更何况在网络化时代。作为落实立德树人根本任务的关键课程，思政课不能无视这些问题的存在，更不能绕开它，因为这些错误或负面问题不会因为思政课无视或绕开它，就不会对学生产生负面影响。因此，结合理论热点或社会热点问题，推进高校思政课自主探究教学模式创新，在教师的指导下组织学生对这些问题进行研究，从而实现对学生正面引导。在引导学生对理论热点和社会热点问题探究的过程中，教师发挥指导作用，设计教学目标、教学内容和教学过程，也就是说教师对整个教学过程要进行调控。而大学生是执行者，教学过程的具体环节和程序则由学生自主安排，可以说，大学生是自主探究教学的真正的主体和主角，从而集中反映了教师主导和学生主体相统一的思政课建设规律。那么，什么是自主探究教学模式？在高校思政课教学中，它具有什么样的独特性？下面一一进行展开分析。

一、自主探究教学模式的含义和特点

（一）自主探究教学模式的含义

自主探究教学模式，是指以自主合作发展为教学理念，在教师的指导下，学生充分发挥主观能动性，以学习小组为形式，就社会热点问题进行研讨，以充分实现主体地位，提高自主意识和能力的教学过程。理解自主探究教学模式，要掌握以下三要点：一是在自主探究教学模式中，教师只是指导者，学生才是整个教学过程的主角；二是在自主探究教学模式中，学生以学习小组的形式参加教学过程，而非个体；三是在自主探究教学模式中，教学过程主要是以“研究”和“讨论”的模式组织实施，而非单一的“你讲—我听”的模式。

（二）自主探究教学模式的特点

首先，自主探究教学模式集理论知识学习、能力锻炼和素质培养于一体。在自主探究教学模式中，学生在教师的指导下，独立自主地开展探究活动，是教学过程的主角。在自主探究教学模式中，教师设计教学目标、探究主题，同时就学生在研讨中遇到的相关问题给予线上指导，剩下的教学任务和过程全部由学生自主来完成。如学生通过查阅文献资料全面掌握相关理论知识，通过观察分析社会现象或参加社会实践体验，研究分析社会热点问题的起因、属性和影响，并形成自己的看法。在自主探究教学模式中，学生通过独立探究，一方面学习掌握了相关理论知识，另一方面锻炼了自觉自主学习的能力。学生将理论知识运用到分析社会热点问题之中，通过自主探究的方式研究分析社会热点问题，并得出结论，这是一种自主学习、自主规划、自主设计的能力锻炼的过程，学生在这一学习过程中，既独立自主地完成教学任务，又锻炼了自主学习能力。与此同时，在自主探究教学模式中，学生要以学习小组的形式参加教学过程，这不仅提高了相关学科素养，而且也提高了协同合作意识和沟通能力。总之，在自主探究教学模式中，学生的理论知识学习、能力锻炼和素质培养都是由学生自主完成，这与课堂讲授教学模式完全不同，真正遵循了教育与自我教育相统一的规律。

其次，凸显学生的主体地位。在自主探究教学模式中，学生始终是主角，教师只是整个教学活动的指导者，而教学过程则是在学生自主探究活动中逐步展开的，充分彰显了学生的主体地位。在传统的课堂讲授教学模式中，教师是主体、是主导、是主角。现代教育教学理论主张教师与学生关系要实现辩证统一，特别强调教师的主导地位和学生的主体地位。然而，在教学实践中，只要教学模式仍然是课堂讲授模式，即使教师采用了丰富的教学方法，只要模式不改变，教师的主导、主体和主角的地位就很难改变。而自主探究教学模式中，学生则真正成为了主角和主体，在整个教学过程中，在保证达成教学目标和完成教学任务的前提下，学生完全根据自己的设想组织开展自主探究教学过程，通过自主探究，巩固理论知识，锻炼各种能力，培养综合素养。可以说，自主探究教学模式是真正凸显学生主体地位的教学模式。

再次，重视学生获取知识的过程。在自主探究教学过程中，教师对学生自主探究的结论持开放的态度，学生对社会热点问题的探究得出的结论只要在教师规定的价值取向范围内都是允许的，教师重点要考查的是学生在探究教学活动中运用的方法是否科学，思路是否合理，论证是否充实并且合乎逻辑，学习小组成员之间分工和合作情况，等等。因此，自主探究教学模式中，教师从过去的重点考查学生的学习结果转变为注重学生的学习过程以及学生在学习过程中所表现出来的态度、能力和素质。因为教师重视学习过程且对学习结果持基本开放的态度，这会引导学生更加重视自主性和学习能力的培养，而这为培养学生的创新意识和能力提供了前提。

最后，强调学习小组成员之间的沟通合作。在自主探究教学模式中，学生不再以个体形式参加教学活动，而是以学习小组的形式出现，这就必然要求学生必须面对和解决选择合作伙伴及与之相处的问题。要完成教师规定的教学任务，就必须处理好与小伙伴们之间的关系，如何根据小组成员的特性进行分工，在哪些方面需要合作，对于同伴之间的分歧如何解决等一系列问题都需要学生自主解决。学生在解决这些问题的过程中，首先要认清每个成员的特性，因为只有如此，才能解决好分工与合作的问题。可以说，自主探究教学模式可以更好地促使学生认识自己和同伴，这是自我意识培养和提升的过程，更是学生成长过程中必须要解决的问题，而在传统的理论讲授教学模式中则很难实现。在此基础上，学生要解决如何与同伴交流沟通的问题，因为作为一个集体行动，同伴之间在交流沟通和合作上出现了问题，教学任务就很难完成。因此，顺畅地与同伴进行交流和合作是自主探究教学模式对学生完成教学任务的独特要求。

二、高校思政课自主探究教学模式创新的重要意义

(一)有助于培养学生的创新精神和实践能力

创新是一个民族进步的灵魂，是一个国家兴旺发达的不竭动力。人类社会自形成以来，一直在创新中前行，尤其是18世纪以来，世界发生了几次重大科技革命，凡是在科技革命中抓住机遇的国家，都能够成为世界强国。可以说，创新决定着世界政治经济力量对比的变化，也决定着各国各民族的前途命运。当今世界正经历百年未有之大变局，中国特色社会主义进入新时代。然而，我国在经济、社会、生态等方面仍然存在诸多问题，需要通过不断创新来解决，而要解决这些问题，首先就需要具有创新意识和能力的高级人才。个体创新潜能的发挥，需要依赖个体主体性的充分彰显，因此，弘扬人的主体性就成为现代教育最重要的特征。高校思政课重要内容之一就是传承和弘扬时代精神之核心，即改革创新精神，思政课是培养学生创新精神的重要途径。不断创新教学模式，将改革创新精神融入教学实践，是高校思政课的教学目标使然。而自主探究教学模式则真正让学生自主地参与整个教学过程，发挥各自的特长、智慧和灵感，共同探讨社会热点问题并提出解决策略，这既有助于培养学生的改革创新意识和能力，又能深化他们对社会的认识，了解国情国力，增强实践能力。

(二)有助于增强学生的合作精神

“00后”的大学生个性张扬、思维活跃，但普遍缺乏合作意识和精神。在学校生活中，大学生因为处理不好合作关系而闹别扭、产生冲突的情况也较普遍。但是，不论是家庭生活，还是公共生活以及国际关系的处理都离不开合作，合作本身就是发展的一部分，没有合作就没有发展。因此，不论从学生个人成长发展出发，还是从国家民族复兴大业出发，重视培养学生的合作意识和精神是时代课题，也是高校思政课的重要任务。而自主探究教学模式则有助于培养学生的合作精神。在自主探究教学模式实施过程中，先要对学生进行分组，将班级学生分成若干学习小组。然后思政课

教师引导学生围绕探究主题进行质疑、合作调查和研究，在充分发挥学生的自主性、独立性、能动性和创造性的基础上实现学生之间的充分合作，改变学生惯常的独来独往的学习行为，开启自主的、合作的探究过程。通过这一过程的训练，学生不仅成为学习的独立个体，而且成为学习、认识社会、解决问题的合作者。

（三）有助于推动教师队伍建设

教师是高校思政课改革创新的关键力量，是提高思政课教学质量的决定性因素，在推进和落实高校思政课改革创新中具有举足轻重的作用。教师队伍建设路径丰富，然而，真正对教师队伍建设发挥引领和促进作用的则是教学改革，其中教学模式改革创新是推动教师队伍建设的有效途径。一旦教学模式发生变革，就会要求教师在教学内容和教学方法的选择上以及师生关系的处理上作出一系列调整，而这种调整不仅仅是形式上的，更多的是教学理念、专业素养、教学能力和职业责任感的全面调整和提高。因此，推进教学模式创新对教师队伍建设具有强烈的反向指引作用。自主探究教学模式与传统教学模式相比，最突出的特点就是学生的主体性能够得到充分发挥。那么，如何充分发挥学生的主体性？这不仅要求在教学内容、教学方法、教学程序上作出调整，而且还要在师生关系上从传统教学模式的“以教师为中心”的师生关系转变为“师生双主”的关系，彻底改变教师自身的行为习惯。传统的教学模式往往以教师为中心，整个教学过程几乎被思政课教师“包办”了，而且长期以来，教师都是这样做的，已经形成了固定的教学行为模式。要从这种以“教师为中心”的模式转变为“学生为中心”的模式，教师们要做出诸多转变，如何合理安排自己的角色，如何定位自己与学生的关系，如何发挥自己在教学过程中的指导作用的同时又能充分发挥学生的主体性等一系列问题，都需要教师做出全面调整。为此，高校思政课教师在自主探究教学模式的改革创新实践中不得不自觉提升自身的综合素质，从而推动教师队伍建设进程。

总之，自主探究教学模式可以让学生在自主学习中探究，在质疑问题中探究，在观察比较中探究，在矛盾冲突中探究，在问题解决中探究，在实践活动中探究，从而使班级教学焕发出勃勃生机。对思政课教师而言，自主探究教学模式提供了认识自己和认识学生的机会，破除“自我中心”，促进自我发展。自主探究教学模式把教师的主导作用、学生的主体作用、教科书的示范作用及学生之间的相互作用有机地联系起来，将理论知识的传授、能力的锻炼和素质的培养统一起来，造就新时代所需要的创造性人才。

三、高校思政课自主探究教学模式创新的现实逻辑

习近平总书记在全国宣传思想工作会议上指出：“建设具有强大凝聚力和引领力的社会主义意识形态，是全党特别是宣传思想战线必须担负起的一个战略任务。”[①]思政课是做好青少年意识形态工作的重要阵地，是培养一代又一代社会主义建设者和接班人的重要保障。面对意识形态工作的新形势，思政课既要发挥正面引导功能，又要发挥批判错误观点和社会思潮的积极作用。创新自主探究教学模式是推进思政课改革创新，实现主导性和主体性相统一、建设性和批判性相统一的必然要求。

（一）高校思政课教学实践中存在两种错误倾向

思政课是落实立德树人根本任务的关键课程，其中最重要的是通过一系列教学活动，让学生掌握马克思主义的世界观和方法论，这是正确观察世界、分析和解决问题的思维方式。紧密结合现实问题和社会热点，运用马克思主义基本原理和方法批判相关理论和现实问题则是帮助人们正确理解马克思主义基本原理，看清相关问题本质的有效方法。然而，在高校思政课教学实践中，由于各种因素的影响，形成了看待和处理“建设性”和“批判性”之间关系的两种错误倾向。一方面，高校思政课教学中往往会出现“建设性强”而“批判性弱”的教学现象，甚至只有“建设性”的现象，导致“强建设性”的教学只能是自说自话，甚至无法解决出现在学生身边的一些理论和现实问题，学生也错误地认为马克思主义不能解决身边

① 赵勇.建设具有强大凝聚力和引领力的社会主义意识形态(深入学习贯彻习近平新时代中国特色社会主义思想)[N].人民日报,2018-09-21(07).

的问题和思想上的困惑，更不要说坚定马克思主义信仰了，进而形式上的“强建设性”变成了实质上的“弱建设性”，导致理论解析空泛且缺乏对现实问题的观照。另一方面，高校思政课教学中虽然存在“批判性”，相关理论和社会问题结合也很紧密，但是由于“建设性”不足甚至没有“建设性”，导致“批判性”变成了“破坏性”，即没有正确价值导向的批判，甚至以所谓西方的价值观为导向对相关理论和现实问题进行批判，进而得出反马克思主义、鼓吹西方价值观的结论，这对学生的消极影响不可估量，危害极大。因此，通过推进自主探究教学模式创新，运用马克思主义基本原理，针对社会热点话题等进行研究探讨，剖析其形成的社会根源、对社会的危害等，从而揭示社会热点话题或者焦点问题的本质。这既让学生深刻地感受到马克思主义是“管用”的，而且学会运用马克思主义分析现实问题的思路和方法。

（二）社会思潮的多元化、多样化、多变化需要廓清其本质

社会思潮是指一定时期内被广泛传播的，反映一定阶层或集团的利益要求和意志的思想倾向，是对一定时期社会存在的主观反映。从性质上看，社会思潮有积极与消极之分，有与社会主流意识形态一致的社会思潮，有与社会主流意识形态相悖的社会思潮。从科学性上看，有科学的、进步的社会思潮，也有错误的、落后的社会思潮。与社会主流意识形态相悖的社会思潮会混淆视听，扭曲价值观念，甚至激化社会矛盾，扰乱社会秩序。当前，互联网、自媒体、大数据、人工智能等信息技术正深刻地影响和改变着人们的思想和生活，并且促使社会思潮呈现更加多元化、多样化、多变化的发展趋势。首先，错误的、落后的社会思潮会对大学生社会主义主流意识形态的确立形成消解之势，危及社会主义主流意识形态。大学生是各种信息技术应用的重要群体，网络上流行的各种社会思潮对大学生的影响广泛而深远。一些带有明确的政治指向性、现实关联性和行为诱导性的错误思潮利用网络技术快速传播蔓延，试图从不同角度消解社会主义主流意识形态，冲击主流意识形态的权威地位，阻碍人们理性认知水平的提升与社会心态的健康发展。加之青年大学生由于缺乏实践经验，具有

是非判断能力不足的特点，更加剧了错误社会思潮的负面影响，使得青年大学生更加易受不良社会思潮的侵蚀，成为各类错误社会思潮竞相争夺的重要对象。而大学生是社会主义主流意识形态传承的主力军，是中国特色社会主义主流意识形态建设的中坚力量。如果大学生的主流意识形态出现紊乱，必然会影响到我国的意识形态安全。其次，运用自主探究教学模式，通过学生自主探究来揭示它们的真面目，更有助于大学生认识错误社会思潮的本质，有助于大学生对错误社会思潮进行解构，进而形成正确的思想认识。社会思潮的多元化、多样化、多变化要求高校思政课在灌输相关理论知识的基础上对错误社会思潮进行批判性分析探究，揭示其本质。而大学生具有一定的理论知识基础，也形成了一定的批判性思维，对社会思潮开展批判性分析研究，是大学生确立正确认知、理解各种社会思潮本质的有效途径。

（三）基于社会热点问题形成的社会舆情需要正确引导

社会进入新媒体时代，社会热点问题层出不穷，经济的、政治的、社会的、文化的、民生的，国内的、国际的等，各方面、各领域的热点问题此消彼长，并借助网络形成巨大的社会舆情，对大学生也形成裹挟之势，甚至左右年轻人的看法，对整个社会都带来巨大影响。尤其是在自媒体迅猛发展的今天，人人都成为信息的发布者，人人都成为信息的受众，在各种动机、情绪、态度等因素的渲染下，社会舆情的价值导向纷繁复杂，其中有积极的、符合主流价值导向的，也有消极的，甚至与主流价值导向相悖的，其中也不乏敌对分子的恶意抹黑和诋毁，给党和政府贴负面标签的。而作为信息技术应用的主体，青年大学生则是社会舆情的最易感人群。虽然经过小学、初中和高中阶段的学习，大学生在一定程度上掌握了马克思主义世界观和方法论，形成了一定的批判性思维，但是也难免被基于社会热点问题形成的社会舆情所左右。因为社会热点问题纷繁复杂，表现形式更是变化多端，让人应接不暇。在这种情况下，消极的、负面的社会舆情必然会消解大学生刚刚确立但还不稳定的社会主义核心价值观，或使之形成与社会主义主流意识形态相背离的价值观，从而给我国社会主义建设带来安全风险。因此，高校思政课教师在推进自主探究教学模式的创新与实践中，一方面，要坚持对大学生进行马克思主义基本原理教育，传播社会主义主流意识形态，引导大学生树立社会主义核心价值观，坚持理论灌输。另一方面，要紧密地联系社会实际，密切追踪各种社会思潮，关注社会热点问题及其形成的社会舆情，运用马克思主义基本原理和方法对其进行批判，揭示其本质，着眼于社会主义主流意识形态凝聚力和引领力的提升与打造，从而引导大学生增强中国特色社会主义道路自信、理论自信、制度自信和文化自信，厚植爱国主义情怀，把爱国情、强国志、报国行自觉融入坚持和发展中国特色社会主义事业、全面建成社会主义现代化强国和实现中华民族伟大复兴的奋斗之中。

四、高校思政课自主探究教学模式创新的挑战和困境

（一）高校思政课教师综合素质参差不齐是自主探究教学模式创新的挑战

推进自主探究教学模式创新并使之有效运行，需要思政课教师具备较强的综合素质。而在教学实践中，大部分高校思政课教师还固守着相对传统的教学模式，或者仅在教学的某一环节使用自主探究教学方法，虽然使用这一教学方法在一定程度上也可提升学生的参与度和自主性，但是学生的参与度仍然有限，而且是在教师的全盘主导之下参与的，学生仍然不能真正按照自己的意志独立自主地完成教学过程。之所以会出现这一现象，是诸多因素影响的结果，其中，教师的综合素质存在欠缺是根本原因。因为自主探究教学模式创新相较于采用探究教学方法对教师的综合素质要求更高。

首先，部分高校思政课教师的马克思主义理论学科基础薄弱。自主探究教学模式的顺利组织实施，不仅仅是一个特定的教学过程的展开，更是思政课教师对马克思主义基本原理自如运用的过程，没有扎实的学科基础，就无法给教学过程以正确的价值引导，更无法对理论和现实问题给予正确的批判分析。现实问题是，由于高校思政课教师队伍规模不足，一些

高校思政课兼职教师比较多，这就很难保证整个思政课教师队伍在专业和学科上的要求，更不用说推进自主探究教学模式改革对马克思主义理论学科基础的要求。

其次，部分高校思政课教师选择和确定自主探究主题的能力较弱。新媒体时代，无论是正在流行的社会思潮，还是正在发生的社会热点问题及其形成的社会舆情，我们视野所及的不仅仅是国内，更是全球范围。社会思潮和社会热点问题几乎每天都在更新并且影响着人们的思想和行为，不仅影响着今天，甚至还将影响人类的未来。那么如何从中选择一个适合当代大学生认知水平和理解能力，且能对大学生的核心价值观产生积极引领作用的社会思潮或社会热点问题就显得格外重要，而这需要思政课教师具备敏锐的观察和逻辑分析能力，果敢的选择能力。部分思政课教师长期以来不关心社会发展，不关注国内外时事政治，很难具备自主探究教学模式所需要的选择和确定自主探究主题的能力。

最后，部分高校思政课教师的责任感和使命感不强。对于高校思政课教师而言，创新一种教学模式，最终目的都是为了学生更好地成长，从而实现教学目标。为此，教师要付出超常的努力。因此，一个没有使命感和责任感的教师很难去推进自主探究教学模式的创新，尤其是在相关制度规范缺失的情况下。教学实践中，改革创新往往难以推进，重要原因就是推进改革创新不仅需要教师付出艰辛努力，而且即便如此，也未必就能成功。因此，创新自主探究教学模式并且有效运用，教师要具备强烈的使命感和责任感显得尤其重要和必要。然而，部分思政课教师存在“混日子”和“躺平”的思想，缺乏使命感和责任感，这就难以支撑自主探究教学模式的创新与实践。

（二）“应试”思维惯性是推进自主探究教学模式创新的阻力

首先，“应试”思维惯性限制了学生自主探究意识和能力的养成。长期以来，我国中小学教学围绕“应试”而展开，在此基础上形成了“教师讲—学生听”的教学模式，几乎所有科目的教师在教学过程中都处于绝对的控制地位，学生则处于绝对地服从位置。同时，所有科目在教学过程中对理论和现实问题的分析往往持有相对固定的结论，尤其是在人文社会科学中，也强调所谓“标准答案”，这极大地限制了学生发散性思维和自主意识的培养，也就是说在没有得出结论之前实际上结论已经给出，而且是唯一标准结论。在这样的教学模式中很难有空间锻炼学生的自主意识和探究能力。中小学的思政课同样存在这样的问题，甚至存在不分析理论，不问为什么，直接给出答案，要求死记硬背知识点的现象。长期以来学生就形成了“教师讲—学生听”的这种“应试”思维惯性，而自主探究教学模式所要求的自主探究意识和能力则相对薄弱，如一些大学生在自主探究主题给出后，不知道自己要做什么，这对于顺利推进自主探究教学模式创新是一个挑战。

其次，“应试”思维惯性限制了学生发散性思维的养成。在“应试”课程目标的引导下形成的“教师讲—学生听”的教学模式，是我国中小学最主要的教学模式，一切教学活动围绕考试展开，考试考什么就教什么，教学就重视什么，怎么样能够考到高分，教学活动就围绕“考高分”来组织展开。中小学考试主要是以卷面形式为主，有些地区和学校只有卷面考试形式。而卷面考试形式主要测试学生对理论知识的掌握情况，很难测试出学生的理论运用能力，更无法检测出学生的实践能力。思政课教学效果与其他科目相比，又有其特殊性，即主要表现在学生思想和行为的改善上。那么，卷面考试形式对于学生思想和行为改善与否则难以全面准确地检测出来。考试是一根指挥棒，正因为长期以来的“应试”教学模式的存在，导致各学科教学不重视理论联系实际，甚至没有实际问题，尤其是包括思政课在内的人文社会学科。正因为长期在“应试”教学环境中成长，部分大学生常常安于教师给出答案，不愿意思考，也不知道怎么探究，甚至不敢提出不同的看法和意见。而自主探究教学模式要求学生通过研究自主得出结论，提出自己的看法，对学生的发散性思维有较高的要求。

最后，“应试”思维惯性限制了学生主体性的养成。长期以来，中小学围绕“应试”而形成的“教师讲—学生听”的教学模式，也让学生形成了“听讲”“记笔记”“做作业”“复习”等围绕教师讲课内容，记忆、理解、消化教师观点的学习模式，从而形成了“记忆—消化—吸收”的思维加工过程。上了大学后，很大一部分大学生由于习惯了“教师讲—学生听”的教学模式，对自主性要求高的教学和学习方式难以适应，尤其是需要学生自主探究相关社会问题时，部分学生会有抵触情绪，进而采取应付差事的态度，导致自主探究教学模式的教学效果难以令人满意。在这种情况下，就需要思政课教师付出更多辛劳和努力，给予学生激励和有效束缚，以增强学生学习过程的自主性。

（三）推进自主探究教学模式创新缺乏内在动力机制

在推进教学模式创新实践中，会遭遇各种各样的困难和挑战，其中，缺乏相应的制度保障和政策激励是最大的困难，导致教学模式创新缺乏内在动力机制。推动教学模式创新本身就意味着要付出更多辛劳，在没有相应的激励机制的情况下，大多数教师就会持“能不创新就不创新，多一事不如少一事”的态度。思想是行为的先导，在这种观念的支配下，如果没有相应的制度支撑，教学模式创新，尤其是持续创新就缺乏内在动力。一方面，高校思政课自主探究教学模式的创新对教师综合素质的要求更高，实现教学目标的难度更大，对于大多数教师而言，在没有相应的激励机制和考核机制的条件下，就不愿推进创新。另一方面，一些高校对思政课教学模式创新存在“叶公好龙”现象，创新的调子唱得高，但是在推动改革创新的体制机制方面却鲜有作为。在没有相应的激励机制下，即使有思政课教师探索自主探究教学模式，推动教学模式改革创新，也难以实现可持续发展。

五、高校思政课自主探究教学模式创新的基本原则

（一）坚持正确价值导向的原则

推动高校思政课自主探究教学模式创新，指导大学生对社会热点话题和焦点问题进行研讨分析，其中，“批判性”是手段，坚定“四个自信”才是目的。在创新和运用自主探究教学模式中，必须坚持正确的价值导向。自主探究教学模式的一个重要环节是学生就理论和社会现实问题展开

批判，从教学的角度讲，批判是为了更好地建设，建设才是思政课的目的，决定着思政课的价值导向，即批判是为了更好地建设社会主义主流意识形态，是为了更好地坚持和弘扬社会主义核心价值观。因此，创新自主探究教学模式一定要坚持正确的价值导向原则。

首先，批判要建立在正确的价值导向上。在就相关问题进行批判前，尤其是学生展开自主批判前，必须要有一定的马克思主义理论基础知识的积累，同时，高校思政课教师要对学生进行正确价值观的引导，给出批判的正确方向。

其次，批判错误社会思潮、社会热点话题或焦点问题时，要允许不同的观点和看法存在，不可设置所谓唯一标准答案，只要符合社会主义主流意识形态或主流价值导向，或者说在社会主义主流意识形态或主流价值导向范围内的其他合理观点都应该允许存在。这样既能坚持正确的价值导向，又能培养学生的发散性思维，批判地继承和吸收有益的观点主张，将社会主义主流价值导向与多元价值观结合起来。

最后，让学生自主探究相关问题时切忌放任自流。因为在新媒体迅猛发展的今天，围绕现实问题的舆情会相伴而生，学生就某个社会问题组织开展自主探究活动的同时，网络上对社会热点话题所形成的各种主张、观点已经铺天盖地了，这必然会对大学生产生影响。如果任由学生自己探讨，教师不加以正确引导，学生很可能会受到各种网络观点的影响，偏离社会主义主流意识形态建设的需要，甚至与主流价值观背道而驰，这就会导致与高校思政课的“建设性”目标越来越远。因此，创新自主探究教学模式，高校思政课教师必须坚持正确的价值导向。

（二）坚持科学方法的原则

创新自主探究教学模式的根本目的是实现教学的建设性和批判性相结合，促进教学的主导性和主体性相统一。因为在教学实践中，建设性的教学活动多，而批判性的教学活动少，甚至存在将二者相割裂或对立起来的情况，导致思政课教学脱离实际，理论建设、价值观养成等不接地气，这一方面不利于学生自主学习能力的培养，另一方面，对基于相关理论和现实问题形成的社会舆情如果没有正确的回应，就会给错误的、消极的各种观点主张让出阵地，给社会主义主流意识形态安全带来风险。因此，创新自主探究教学模式重在对错误社会思潮和社会热点问题进行探究，以培养学生的自主意识和批判性思维，以进一步巩固思政课教学成效，那么怎么批判即批判的方法就显得格外重要。方法正确，就有利于巩固思政课教学效果，反之，就会离思政课教学目标越来越远，甚至走到教学目标的对立面。

首先，要以马克思主义方法论为指导创新自主探究教学模式。马克思主义不仅是科学，更是科学的方法论。唯物辩证法是对客观规律的科学反映，它要求人们在认识和实践活动中一切从实际出发，实事求是，自觉地运用世界发展的客观规律，严格地按客观规律办事。创新自主探究教学模式必须着眼于实践，着眼于学生的思想实际情况，着眼于社会现实问题。创新自主探究教学模式，必须以马克思主义方法论为指导，遵循唯物辩证法，从教学实际情况出发，一方面注重理论知识的灌输，另一方面对社会热点问题进行研究分析，形成批判性的研究结论，以增强教学建设性。对社会热点问题进行批判是为了巩固教学的建设性，促进教学的建设性和批判性辩证统一发展。

其次，要遵循思政课建设的基本规律创新自主探究教学模式。思政课建设要遵循思想政治教育基本规律和人的思想品德形成发展规律。如在推动高校思政课自主探究教学模式创新中，必须遵循教学目标与大学生思想品德实际水平之间存在一定张力的规律，也就是说，思政课教师在运用自主探究教学模式过程中，要根据大学生思想品德实际水平来设定教学目标，使二者之间保持在“最近发展区”内，不能脱离学生的实际思想品德水平，但是又要高于学生的实际思想品德水平。其实，“八个统一”是对思政课建设基本规律的全面揭示，高校思政课自主探究教学模式创新中要以“八个统一”为根本遵循，以此保证教学模式创新的科学性和合理性。

最后，积极推进教学方法创新。创新教学模式的过程也是教学方法不断创新的过程。思政课教师要结合学生身心特点和教学实际，在教学实践中积极创新教学方法，为推动教学模式创新提供手段，从而增强教学效果。自主探究教学模式组织实施过程中会运用到调查研究方法、文献阅读方法、比较研究法等方法，因此，思政课教师在组织实施这一教学模式之前就需要教会学生如何运用这些学习方法，为推进自主探究教学模式创新和实践做好准备。

（三）坚持紧密联系社会实际的原则

自主探究教学模式，在有建设性的理论灌输基础上特别强调对社会思潮和社会热点问题及在其基础上形成的社会舆情进行正确理性的批判，尤其是对一些错误的、负面的社会思潮，以及基于社会热点问题形成的错误的社会舆情，通过自主探究教学活动的组织开展，引导学生认清其本质，从而坚定“四个自信”。因此，紧密联系社会实际是组织开展自主探究教学活动必不可少的环节。

首先，要密切追踪各种社会思潮。高校思政课自主探究教学活动的主要内容就是对社会思潮进行批判，帮助大学生认清各种社会思潮的本质，尤其是错误社会思潮的真面目，提高政治鉴别力。因此，高校思政课教师要密切追踪各种社会思潮，分析其形成背景，揭示其本质，从而确定其对青年大学生价值观的形成是否具有危害。尤其是要关注错误社会思潮，如民主社会主义、历史虚无主义、普世价值论等，要通过自主探究教学模式的创新和实践，引导大学生自主探究这些错误思潮的本质和危害，提高辨别能力，并自动远离它们，从而达到教育与自我教育相统一的教学效果。

其次，要时刻关注社会热点问题及其形成的社会舆情。高校思政课自主探究教学活动除了对各种社会思潮进行批判外，还可就社会热点问题组织开展探讨，对在社会热点问题基础上形成的社会舆情也要有正确的判断，并对大学生进行舆情引导，帮助大学生理性对待各种舆情，理性参与舆情，鼓励大学生成为社会舆情发展的正向引导力量。因此，要推动自主探究教学模式创新并运用之，高校思政课教师的必修课之一就是持续关注社会热点问题，包括基于社会热点问题而形成的社会舆情，分析其产生的原因、形成轨迹及其发展趋势，尤其是一些负面热点问题，要通过自主探究的方式引导学生对其形成正确认知，从而对相关负面思潮产生免疫力。

最后，要聚焦青年大学生密切关注的社会思潮和社会热点现象。一些社会思潮和社会热点问题的网络传播力非常强，加上一些网络推手的操纵，被传播的社会思潮和社会热点问题容易迅速发酵，形成不可抵挡的舆情形势，冲击着人们的思想观念、价值判断和行为选择。其中，有些社会思潮和社会热点问题与青年大学生密切相关，甚至是出自青年人之手，反映青年大学生的意志和利益需求，如“996”“饭圈”文化等。对于这些与青年大学生学习工作生活联系密切的社会思潮和社会热点问题，思政课教师尤其要关注和追踪，从而可以根据教学需要，在组织实施自主探究教学活动时从中选择，以提高教学的针对性。

（四）对探究结论持基本开放态度的原则

自主探究教学模式强调学生学习过程，重视培养学生的综合素质和能力，同时又要凸显学生的主体地位，因此，如果过于注重探究结论，或者对探究结论提供所谓的“标准答案”，就失去了自主探究教学模式的价值。因此，为了发挥自主探究教学模式的“探究”价值，思政课教师对通过探究得出的结论要持基本开放的态度，这是在创新和实施自主探究教学模式过程中必须遵循的原则。但是要注意的是，对探究结论，教师持基本开放的态度，并不是对探究结论没有要求或者不作要求，而是说，教师要以实现教学目标为方向，对整个教学过程作好指导，引导学生以科学的方法、严谨的态度和合乎逻辑的程序等对理论或社会热点问题进行探究，从而得出科学合理的探究结论。而学生通过一系列的探究活动最终会得出什么样的结论则以教学目标为引导方向，只要在这个方向上，符合社会主义核心价值观，都可予以肯定。如果学生通过探究得出的结论与教学目标相背离，教师也不能“一棍子打死”，而是要对其进行有理有据地“批判”和纠偏，从而使学生不仅对社会热点问题的本质有更加清晰的认知，而且对自己的探究活动存在的问题有更加深入的认知，进而对学生成长起到正确引导作用。

第四节 高校思政课隐性教学模式创新的理论构建

大学生是社会的人，他们的思想政治品德的形成和发展会受到各种环境因素的影响，基于此，作为培养学生思想政治道德素质的主渠道和主阵地的思政课的教学效果也会受到各种环境因素的影响。受篇幅所限，本书只阐述大学校园内影响思政课教学效果的各种隐性因素。大学校园中，对大学生思想政治道德素质产生影响的因素众多，其中，有些因素属于显性教学活动，即对学生产生影响的制度化教学活动。显性教学活动对学生的影响是可控的，思政课教学就属于显性教学。与此同时，大学校园里还存在着一些隐性因素，它们"润物细无声"地作用于大学生，并影响着他们。总体看，大学校园中，对学生的思想政治道德素质产生影响的因素主要有两大类，一类属于显性因素，一类属于隐性因素。

作为显性因素的思政课，承担着立德树人的根本任务，是管理者、教师和学生都能感知和认识的因素。而往往被忽视的是对大学生思想政治道德素质有重要影响的隐性因素，由于不受重视，甚至被遗忘，隐性影响因素往往被排除在教育之外。在这种情况下，本应该成为教育学生的隐性因素有时却变成了非教育因素甚至成为反教育的因素。正是基于这一实际情况，习近平总书记指出，推进思政课改革创新，要"坚持显性教育和隐性教育相统一"，解决大学生思想政治道德素质培养过程中各自为政的内耗现象，力求形成同向同行的教育合力。因此，在高校思政课教学模式创新中，当前面临的紧迫课题是如何协调隐性因素与显性因素之间的关系，使之协同发力，共促大学生健康成长。从长远效果看，需要构建一种隐性教学模式，将校园内的隐性因素纳入其中，形成一种相对稳定的教学环节和程序。那么，什么是隐性教学模式，如何创新隐性教学模式呢？本节内容一一展开论述。

一、隐性教学模式的基本内涵

（一）隐性教学模式的含义

隐性教学模式，是指以“全要素育人”为教学理念，将影响学生成长发展的非制度化因素纳入教学设计之中，通过不知不觉的方式对学生的思想观念、情感态度和价值观等产生积极影响的教学过程。对于学生的健康成长而言，存在着两种教育形式，一种是显性教育，另一种是隐性教育。显性教育是“明处”的教育教学活动，指“正规的课堂教育，有一定的计划性，教育方式一般以灌输为主，具有一定的直接性、公开性和略带强制性”[①]。显性教育具有明确的教育目标，教育内容具有计划性和系统性，整个教育过程具有严密的设计，教育对象清楚地知道自己在接受教育等特点。对大学生思想政治道德素质产生影响的显性教育主要包括思政课教学活动、与大学生思想政治教育相关的讲座、政治形势报告会、日常行为规范管理等。而隐性教育是“暗处”的教育教学活动，隐性教育是指“引导学生在学校教育性环境中，直接体验和潜移默化地获取有益于个体身心健康和个性全面发展的教育性经验的活动方式及过程”[②]。隐性教育具有隐藏性、渗透性、开放性等特点。隐性教学模式实质就是把大学校园中对大学生思想政治道德素质产生影响的非制度性因素都纳入教学计划之中，使之与思政课这一显性教学因素协同一致形成教育合力。

（二）隐性教学模式的特点

首先，教学目的的隐蔽性。隐性教学模式中，隐性影响因素虽然各异，但是学生没有意识到它的存在。因此，隐性教学模式的目的对于学生而言是一种隐蔽性的存在。但是需要注意的是，对于教育者而言，要清楚地知晓隐性影响因素的存在，并且通过制度化的教学设计将其纳入教学过程，明确其教育和教学目的。教学目的的隐蔽性，并不是说没有目的，或

① 陈志章.美国社会隐性教育研究[M].北京：中国社会科学出版社，2017：1.

② 贾克水，朱建平，张如山.隐性教育概念界定及本质特征[J].教育研究，2000(8)：37-42.

者目的不明确，而是说教学目的也很明确，教师也清楚地知道教学目的，只是对学生而言，他们不知道有这样的教学过程存在而已。

其次，教学影响的渗透性。由于学生没有意识到隐性教学因素的存在，因此，教育者或者组织者不是通过正面“灌输”的方式直述道理，而是在日常的学习、生活和管理活动中，借助一定的教育教学载体间接地对学生进行“渗透”，使学生在一种没有意识到的状态下进入教育者或者组织者所创设的教育教学环境中，使学生在直观思维、兴趣爱好和情感体验等毫无强制性的、轻松的环境中接受教育，并将教育教学内容转化为自己的思想观念和行为，从而达到让学生在不自知中自觉地接受教育的效果。

最后，教学对象参与得充分自主性。在显性教育教学过程中，教育者往往会明确教学活动的目的和要求，对学生也会提出学习任务。由于学生是有思想和个性特点的社会人，他们对教育者提出的要求并不一定完全认同，甚至存在相互对立的看法，在这种情况下，有可能会产生反感甚至抗拒的态度和情绪，最终导致教育教学活动中的被动状态，以及教学效果的低下。相对于显性教育教学活动，由于隐性教学的目的和内容隐蔽于各种活动中，教育者未给学生任何明确的、直接的外部强加意图，学生也感受不到任何教育教学的痕迹，他们会自认为他们所参加的教育教学活动是他们自愿、自主选择的，他们完全处于一种愉快的参与状态，并且充分发挥着他们的主观能动性。学生在隐性教学过程中通过自身的感受和体悟来对教学过程作出反应，因此，隐性教学的实际效果也是开放的，有的学生在这个过程中接受了自我教育，而有的学生则没有收获，但是无论效果如何，都不会对教育形成内耗。

二、高校思政课隐性教学模式创新的理论基础

(一)马克思主义关于人的本质理论

马克思主义认为，人是社会的人，处于复杂的社会关系中，受到社会关系的影响。对于具体的个人而言，由其身处的所有社会关系共同作用结果来决定其本质。正如马克思曾指出的：“人的本质不是单个人所固有的

抽象物，在其现实性上，它是一切社会关系的总和。”[①]每个人都身处一定的社会群体中，都与周围的人形成各种各样的社会关系。随着社会实践的发展变化，社会关系也处于不断地丰富和变化之中，人们正是在这种客观的、不断发展变化的社会关系中塑造自我，成为了现实的、具有个性特征的社会个体。作为从事社会实践活动的大学生，他们成长为什么样的个体，具有什么样的世界观、人生观和价值观，具有什么样的理想追求，养成了什么样的道德品质等，除了他们自身的努力之外，与在其成长中形成的各种各样的社会关系和社会环境因素的影响分不开。今天的大学生个体都是自身主观因素与社会环境客观因素相互作用的产物。大学校园内，对大学生思想政治道德素质产生重要影响的因素，除了思政课之外，还有诸多校园环境因素，所有校园环境因素都会对大学生思想政治道德素质产生影响。因此，加强思政课建设，推动思政课教学模式创新，增强思政课教学效果，必须考虑影响大学生思想政治道德素质发展的环境因素，将其统筹到教学过程中，使之处于可控范围之内。

（二）思政课建设的基本规律

人的思想品德形成发展有其内在规律，既受制于人的心理、思想和行为等子系统的内在矛盾运动，又受到思想品德系统之外环境因素的影响，人的思想品德状态是思想品德结构内在矛盾运动与外在环境因素相互作用的产物。作为培养学生思想品德的思政课，要取得实际的教学效果就必须遵循人的思想品德形成发展规律，即协调控制各种影响因素使之同向发挥作用的规律，这也是思政课建设和推动思政课教学模式创新必须遵循的基本规律。

学生的思想品德既受到思政课的影响，又会受到社会环境的影响，在一个健康和谐的社会中，两种影响总体上是一致的，能够做到相互补充、相互强化、协调一致，对人的思想品德影响均发挥积极的和正向的作用。然而，现实的社会环境中，总是既存在与思政课影响不一致的因素，即消极影响因素，也存在与思政课影响相一致的因素，即积极影响因素。因

① 马克思恩格斯文集：第一卷[M].北京：人民出版社，2009：501.

此，高校思政课教学效果如何，除了受到来自思政课课程体系的几大基本要素的影响之外，还会受到来自环境因素的影响，我们把这种环境因素称为隐性因素。对高校思政课教学效果产生影响的隐性因素很多，主要是以非课程的形式呈现的，隐性因素主要渗透在日常的工作、管理、学习中，如春风化雨般对学生的思想政治道德素质不知不觉地产生影响。创新高校思政课隐性教学模式，实质是将对学生的思想政治品德产生影响的校园内非制度性因素均纳入教学过程中。通过加强对这些因素的教学设计和管理，使之成为隐性教学因素，与思政课协调一致，对大学生的思想政治品德发挥正向作用，促进学生健康成长。

三、高校思政课隐性教学模式创新的困难与挑战

（一）影响思政课教学效果的隐性因素异常复杂，调控难度日益增大

在世界面临百年未有之大变局之时，在新媒体迅猛发展之际，各种影响因素纷繁复杂，尤其是在今天这样一种全面开放的社会中，国内的、国际的，甚至敌对势力的恶意影响都会渗透进来，都会对人的思想品德的形成和发展产生复杂的综合性的影响。消极的影响会给成长中的青年大学生带来诸多心理矛盾和困惑，从而会减损或抵消思政课的教学效果。大学校园内，对大学生思想政治道德素质产生影响的传统的环境因素主要包括班级管理方式、班风、校风、教风、学风、考风、校园文化、校园绿化、学生活动、学校各种管理活动、各种课外活动等。与此同时，随着新媒体的迅猛发展，即使在校园内，网络上的各种信息也会成为影响学生思想品德形成发展的重要因素。从性质上看，影响思政课教学效果的因素归纳起来有三类：第一类是与思政课有着共同目标的环境因素，这类环境因素有助于思政课教学目标的实现。如学校组织的各类团学活动、志愿者活动、社会实践活动、班级管理活动等。第二类是与思政课教学目标相悖的环境因素，这类环境因素会抵消思政课的教学效果，阻碍教学目标的达成，如一些敌对势力在网络上对党和政府进行的抹黑、诋毁行为，一些“大V”在

网络上对我国英雄人物的所谓“解密”现象等。第三类就是虽然与思政课目标不一致，但是不反对社会主义主流意识形态和主导价值观的环境因素。这些环境因素虽然与思政课教学效果不一致，但是它可以为思政课教学提供资源和手段。如一些文化电子产品，学生中存在的一些消费文化，网络空间的弹幕语言，又如一些“网红”文化等，思政课可以通过对这些因素进行挖掘，发现其背后的思政课教学因素，从而为思政课教学目标服务。

总之，随着网络技术和信息技术的发展，对大学生思想政治道德素质产生影响的环境因素日益复杂、难辨、难控，严重冲击思政课的教学效果。鉴于此，要注意抑制和消除环境因素的消极影响，利用并强化其积极影响，使之与思政课的影响协调一致，从而形成良好的思政课教学氛围，促进学生的思想政治道德素质朝着思政课教学目标的方向发展。

（二）高校思政课隐性教学模式缺乏系统性构建

统筹协调校园内各种环境因素，使之与思政课保持一致方向，既是思政课建设规律的内在要求，也是十八大以来党中央的决策部署要求，但是要真正遵循思政课建设规律和贯彻党中央决策部署要求，挑战巨大。一些高校也正在探索可行的路径，但是总体来看，将学校环境因素统筹协调管理，使之与思政课保持一致影响，构建起系统的思政课隐性教学模式的探索却鲜见。在学校隐性教学因素统筹建设方面，目前主要有四种情况：一是一些学校从思政课的师资队伍、教材、教学等方面加强思政课建设，其他方面很少涉足。同时，高校普遍建立了思政课建设党委统一领导机制，这为统筹协调校园内各种隐性环境因素提供了保障。二是一些学校在加强思政课建设的同时，推进课程思政建设，将专业课程中的思想政治教育因素挖掘出来，落实立德树人根本任务的意识有所增强，一些专业课程授课教师的师表意识更强了，这有力地促进了思政课教学目标的实现。三是一些学校正在推进“全要素育人”教学模式建设，将学校环境中的主要影响因素统筹其中，如教职员工、管理过程、其他专业课程建设、校园文化建设、党团事务、校园硬件设施建设等，纳入统一体系即高校思想政治工作之中，将这些环境因素作为隐性教学因素进行建设，初步构建起了隐性教学模式。四是泛化意识形态工作，少数领导出于担责的考虑，不仅对思政课进行严密管控，而且对思政课的环境因素把控得更严格，甚至违背客观规律进行严防死守。需要注意的是，加强思政课及其环境建设是形势需要，但是无论如何都应该遵循思政课建设规律，不能以主观意志代替客观规律，甚至违背客观规律，若如此，只能适得其反。总之，就全国高校思政课的隐性教学模式建设情况而言，系统性的、成熟的思政课隐性教学模式构建还十分缺乏，思政课建设的消极影响因素仍然在一定范围内存在。

（三）高校教职工对思政课重要性的认识还有待提高

由于影响思政课教学效果的环境因素复杂多变，创新思政课隐性教学模式就需要调动全员全要素，尤其是全体教职工参与创新的积极性要调动起来。要调动全体员工的参与积极性，首先就要求全体教职员工对思政课在实现教育根本任务——立德树人中的地位和作用有正确的认识。可以说，高校教职员工对思政课重要性的正确认识是创新思政课隐性教学模式的重要基础。高校思政课对大学生思想政治道德素质的培养发挥着不可替代的作用，一定程度上影响整个社会的发展方向和社会秩序，因为思政课教学对象既来自社会，又要回归社会，他们的思想政治道德素质决定着社会文明水平。然而，并非人人都能认识到思政课对学生的健康成长以及社会有序发展的重要意义，即使在高校内部，一些教职员工对开设思政课的重要意义也存在认识误区。如一些教职工认为，思政课是纯粹的说教课程，除了占用学生的时间别无用处；还有极少数教职员工甚至认为思政课就是束缚人的思想和行为，是为控制人服务的。这些看法往往无意间就会给思政课教学效果带来负面影响，有时成为统筹协调思政课环境因素的重要障碍。

四、高校思政课隐性教学模式创新的基本原则

（一）坚持与显性教学模式相结合原则

创新隐性教学模式的主要目的是统筹协调环境因素，使之与思政课的影响一致，共同致力于学生的健康成长。因此，创新思政课的隐性教学模式必须坚持与显性教学相结合的原则。首先，在创新隐性教学模式过程中要坚持以思政课的课程目标为目标，即致力于培养德智体美劳全面发展的社会主义建设者和接班人，为国育才，为党育人。也就是说创新思政课隐性教学模式要服从和服务于思政课教学目标，并强化思政课教学目标。其次，在教学内容上，创新思政课隐性教学模式要坚持与思政课相互补充、相互强化的格局。思政课教学内容理论性、学理性、思想性较强，而隐性教学内容则强调日常化、生活化，与工作生活紧密地结合在一起，更具亲和力。思政课的显性教学与隐性教学在内容上具有天然的互补性。再次，在教学方法上，创新思政课隐性教学模式必须坚持与显性教学相互借鉴的原则。思政课在课堂教学中常用的教学方法主要是理论讲授、案例分析、理论联系实际等方法；而在隐性教学中采用的方法则更加丰富灵活，为学生喜闻乐见，如实地考察法、渗透法、咨询法、艺术熏陶法、运动锻炼法，等等。显性教学与隐性教学采用的主要方法可以相互借鉴，甚至可以基于同一个教学目标结合使用不同的教学方法，以增强教学实效性。最后，教学对象上，创新隐性教学模式必须坚持与显性教学对象统筹考虑，不可分割开来，以实现资源利用效益的最大化。

（二）强化教学设计的原则

以往我们对隐性教学因素的理解存在误区，认为隐性教学因素无须教学设计，是一种非制度化的、随意性的存在。长期以来的实践告诉我们，如果让隐性影响因素处于一种“自然”状态，想起来就用，忘记了就丢到一边，没有统筹和规划，最终会导致隐性因素成为背离教育教学意义的因素，甚至成为反教育教学的因素，对思政课教学目标造成内耗，对思政课

教学效果造成侵蚀。因此，在创新隐性教学模式中，必须坚持强化教学设计的原则，将一切隐性影响因素纳入教学设计中，将之转化为隐性教学因素，用相对正式的规制形式保证其始终发挥正向作用。首先，要考察归纳大学校园内对大学生思想政治道德素质产生影响的各种隐性影响因素，并且进行分门别类，根据每一种隐性因素确定其教学目标。其次，根据不同类型的隐性影响因素，进行不同的教学设计，使之转化为隐性教学因素，形成相对固定的教学环节和程序，为组织实施隐性教学模式做好准备。最后，在进行教学设计过程中，坚持多方参与、共同研究的原则，在此基础上达成共识，这样才易于教学设计的实施和推行。

（三）坚持“全要素”参与原则

首先，创新隐性教学模式必须坚持全员参与。创新隐性教学模式就是要统筹协调校园内所有对思政课教学效果产生影响的环境因素，其中，教职员工是最重要的影响因素。创新隐性教学模式必须坚持全员参与的原则，即在高校工作的所有员工都应该是思想政治教育工作者，都应该发挥与思政课影响具有相同性质的影响。只有所有员工参与思政课建设的积极性都被调动起来，校园内的每一个员工都像一颗颗闪光的种子，他们在哪里，哪里就有光明和希望，校园管理和建设工作才会充满人性的光辉，才会成为一个个的育人环节和育人平台。其次，坚持全程参与原则。教学工作也好，管理工作也罢，都是一个又一个环节、程序衔接起来的一个完整的过程，而这些工作绝大多数都与学生直接相关，都是围绕学生成长组织开展的工作。因此，这些工作的任何一个环节、任何一个程序，学生都可以参与其中，都能感受到其中的教育者、管理者的温度几何，他们的素养如何，进而直接影响学生对这个群体、对这个学校、对这个世界的认知，进而反作用于学生的世界观、人生观和价值观的养成。最后，创新隐性教学模式必须坚持全方位参与的原则。影响思政课教学效果的因素是全方位的，存在于环境的任何一个角落，可以说，凡是有人活动的地方，都有影响思政课教学效果的环境因素。因此，创新隐性教学模式应该考虑到学校所有的环境因素，包括互联网对学生的影响。

（四）坚持分层建设原则

正如前所述，影响思政课的环境因素非常复杂多样，一时间将所有因素都纳入隐性课程建设，这是不现实的，也不可能实现。在创新隐性教学模式的过程中要坚持把能做的先做了，不能做的放后的原则，即分层建设原则。可以把影响思政课的环境因素进行分层，按照调控的难易程度进行分层，例如从易到难分层，先把容易调控的因素纳入隐性教学模式创新之中，然后根据条件成熟程度，将其他因素依次纳入隐性教学过程，切忌一刀切。正因为影响思政课教学效果的环境因素复杂而多变，一时间无法都将其纳入隐性教学模式建设中来，那么在坚持分层原则的基础上，还要做好长期奋斗的准备，随着环境的变迁，技术的进步，可控手段的日益丰富，我们对环境因素调控的能力会越来越强。因此，创新隐性教学模式是一个长期的过程，不可能一蹴而就，要做好长期努力的准备。

第六章 遵循“八个统一”创新高校思政课多元混合教学模式的实践探索

——以“思想道德与法治”课程为例

“思想道德与法治”课程，是以马克思主义为指导，运用思想政治教育学、心理学、伦理学、社会学等学科知识，通过有计划、有目的、有组织地对大学生进行思想、政治和道德素质的培养和教育，使他们树立崇高的共产主义理想，坚定中国特色社会主义的共同理想信念，培养并践行社会主义核心价值观，提升个人品德修养，提高法治素养，成长为德智体美劳全面发展的社会主义建设者和接班人的一门思政课程。人的思想政治道德素质的提升不仅反映在意识观念上，更重要的是体现在行为上，尤其是道德素质的培养效果最终要通过行为改善程度体现出来，正所谓道德是一种实践精神。同时，人的思想政治道德素质的培养会受到诸多因素的影响，有来自主观的，有来自客观的；有来自思想政治教育系统内部的，也有来自思想政治教育系统外部的；有来自学生自身的因素，也有来自教师的因素；有来自学校的因素，也有来自家庭和社会的各种因素；等等。可以说，人的思想政治道德素质培养受到全方位、全过程因素的影响。因此，在推进思政课教学改革创新时，必须要将所有因素都要纳入考虑范围，根据教学目标、教学内容以及教学对象的具体情况选择不同的教学模式，就同一教学目标和教学内容可选用不同的教学模式，共同作用于同一个教学对象，以期强化教学效果。

以“八个统一”为根本遵循，在推进“思想道德与法治”课程教学改革的过程中，为了促进大学生“深化理论认知，培养综合素质，提高实践能力”“三位一体”的全面发展，课题组推进思政课多元混合教学模式创新实践，实现了教学的理论与实践、线上与线下、教师主导与学生主体、显性与隐性的双向融合。自2015年以来，课题组开始推动思政课多元混合教学模式改革，以增强教学的针对性和实效性。下面就以“思想道德与法治”课程为例，向读者介绍思政课多元混合教学模式的创新实践。

第一节　高校思政课实践教学模式创新的实践探索

为了深化学生对理论知识的理解，锻炼实践能力，在实践中领悟和培养家国情怀，增强教学效果，遵循“坚持理论性和实践性相统一”原则，自2015年开始，课题组在探索“思想道德与法治”课程实践教学活动的基础上创新实践教学模式，将理论讲授教学与实践体验教学结合起来，以理论指导实践，以实践检验和深化理论认知，从而实现理论和实践相统一。

一、制定推进实践教学模式创新的相关制度

课题组所在单位制订了《关于加强实践教学的若干意见》，对全校实践教学活动进行规范管理。为了推进思想政治理论课程教学改革和创新，课题组所在单位就思想政治理论课实践育人活动进行规范管理，先后制订了《思想政治理论课实践教学规范》（附录1）和《思想政治理论课实践教学报告》（附录2），促进了思政课实践教学模式创新和发展，为思想政治理论课实践教学行为提供了标准，规范了教师的实践教学行为，为思想政治理论课实践教学质量提供了制度保证。在此基础上，“思想道德与法治”课程为了推进实践教学模式改革和创新，也制订了一系列相关制度文件，如《“思想道德与法治”实践教学规范》（附录3），为“思想道德与法治”课程实施实践教学提供了制度规范和依据。

附录1

思想政治理论课程实践教学规范

为贯彻全国全省高校思想政治工作会议精神，推进思想政治理论课教学模式、教学方法改革，根据《思想政治理论课改革与建设方案》制定本规范。

第一条 实践教学的性质与目的

思想政治理论课实践教学是思想政治理论课教学的重要组成部分和巩固理论教学成果的重要环节。通过实践教学实现理论与实践的融通，促进大学生深刻体会蕴涵在各门课程中反映人类文明成果、弘扬民族精神、体现科学精神、揭示事物本质规律的内容，培养大学生的创新精神和实践能力。

第二条 实践教学的基本原则

思想政治理论课实践教学贯彻两个“全员参与”原则（“形势与政策”课程另行安排）。第一，思想政治理论课授课教师全员参与指导实践教学，授课教师直接指导所授教学班实践教学的各个环节；第二，全部选修思想政治理论课的各专业学生都必须参与实践教学。

第三条 实践教学的组织领导

教学工作委员会是思想政治理论课实践教学领导机构，负责制定规章，对实践教学工作进行考核；思想政治理论课各课程负责人负责思想政治理论课实践教学的组织实施。

第四条 实践教学的基本环节

思想政治理论课实践教学的组织以学期为单位。每个学期的实践教学由相互联系的制定方案、考察调研、小组讨论、大班交流等四个基本环节构成。

（一）制定方案。每学期第一至第二周，各课程负责人召集课程全体授课教师会议，制定本学期课程实践教学方案，并报学院教学科研办公室备案。实践教学方案应当包括如下要素：实践教学主题、实践教学主体（包括参加教师与学生专业来源以及学生规模）、实践教学时间、实践教学地点、实践教学团队构成（根据学生专业性质、教师授课规模组建团队，并确定每个团队负责人），等等。

授课教师应当以教学班为单位同步布置实践教学工作。每个教学班划分成若干研讨小组，并任命组长；确定各小组参与考察调研的学生名单（每个教学班参加考察调研的学生数不少于班级总人数的10%），成立考察调研分队，并任命领队。制作班级分组名单及考核表。

课程负责人应当在制定实践教学方案过程中相互协调，避免在同一班级选择参加考察调研学生时交叉重复。

（二）考察调研。考察调研工作以团队为单位组织实施，每个团队可以由若干个考察调研分队组成，由团队负责人统一安排。

考察调研应当围绕主题进行。考察调研过程由指导教师根据课程内容及考察基地的特点、条件设计，但应当注重与课程的结合度，充分考虑师生的安全。考察调研时间不超过一天，当天返回校园。

（三）小组讨论。小组讨论应当安排在考察调研后一周课堂教学时间，一般占用一次理论课教学课时（3节课），由授课教师以教学班为单位组织实施。同一教学班各研讨小组同步进行，各小组长主持讨论，并进行记录，各研讨小组至少推荐1—2人参加大班交流，并提交书面交流发言稿。授课教师应当做好指导工作，巡视各小组讨论并对小组研讨质量形成评估结论，作为计入考核成绩的依据。

（四）大班交流。大班交流应当安排在小组讨论后的教学计划课时内进行（一般为3学时）。授课教师主持大班交流，但可以根据班级学生实际情况确定交流的组织模式。

第五条 实践教学的补充形式

鼓励教师开展多样化实践教学，以丰富思想政治理论课教学形式与教学方式，鼓励教师参与假期实践教学活动，以及学校统一安排的军事训练和其他大学生社会实践活动。

第六条 实践教学的总结与材料归档

各课程实践教学应当在每学期结束新课前两周完成。课程负责人完成实践教学的总结工作，撰写总结报告。各授课教师完成各自指导的实践教学班级的成绩评估，以教学班为单位制作实践教学报告、整理相关照片、视频，报送教学科研办公室。

（一）实践教学报告

实践教学报告应当包括如下基本内容：1.思想政治理论课实践教学方案。2.思想政治理论课实践教学总结。3.思想政治理论课实践教学学生分组名单及考核表。4.思想政治理论课实践教学过程材料，包括：（1）参加调研学生名单，（2）调研照片及相关材料，（3）小组讨论照片及相关材料，（4）大班交流照片及文字材料。上述相关材料包括小组讨论和大班交流记录、发言提纲等等。

实践教学报告统一用A4纸排版打印并装订。学生小组讨论记录与大班讨论发言稿可以用手写稿，但应当统一用A4纸复印，以便装订。每份讨论记录统一用"××专业××班第×小组讨论记录"为标题，讨论发言稿标题自拟，但标题下须标注所在专业与班级以及发言人姓名。照片可在A4纸上合并打印，照片下要有指示性文字（如××参观考察、××小组讨论等）。

（二）照片和视频

实践教学各个环节应当精选若干照片与视频并提交电子版，一律以"××年××专业××班级实践教学"为文件名并编号（××年××专业××班级实践教学01、××年××专业××班级实践教学02……）后压缩打包提交，压缩包统一命名为"××年××专业××班级实践教学资料"。

（三）实践教学档案建设

每个教研室每学期应当选出若干材料范本，规范装订成册后由学院存档，范本选择要兼顾专业覆盖面、教师覆盖面。

学院建立实践教学电子档案。

第七条 实践教学的考核

教学工作委员会在学期结束时召开会议，检查实践教学材料，评估指导教师工作，认定其实践教学工作量，评选指导实践教学优秀教师。

思想政治理论课教师参与假期学生社会实践的，纳入年度考核和学年教学考核，作为确定考核成绩的依据之一。

第八条 附则

（一）各课程组可以根据教学需要安排小型实践教学活动。但需要提交能证明活动的基本材料（包括照片）

（二）本规范自2018年2月起实施。

附录2

思想政治理论课实践教学报告

__________学年 __________学期

课程名称：__________

学　　院：__________

专　　业：__________

班　　级：__________

指导老师：__________

目　　录

思想政治理论课实践教学方案

课程名称：××××××××××××××

（20　　—20　　学年第　　　学期）

思想政治理论课实践教学总结

课程名称			
主题		指导老师	
专业		班级	
实践教学过程： （时间、地点、内容）			
后记（实践教学的收获、存在的问题与改进建议等）			
学院意见			

思想政治理论课实践教学学生分组名单及考核表

专业：__________ 班级：______ 授课教师：______

分组	姓名	成绩	备注	分组	姓名	成绩	备注
第　组（组长：）				第　组（组长：）			
第　组（组长：）				第　组（组长：）			
第　组（组长：）				第　组（组长：）			

本表可以根据班级人数与分组实际情况调整。

附录3

"思想道德与法治"实践教学规范

为贯彻全国全省高校思想政治工作会议精神，推进"思想道德与法治"课程教学模式、教学方法改革，根据《思想政治理论课改革与建设方案》制定本规范。

第一条 实践教学的性质与目的

"思想道德与法治"实践教学是本课程教学的重要组成部分和巩固理论教学成果的重要环节。通过实践教学实现理论与实践的融通，促进大学生深刻体会蕴涵在本课程中的基本理论，深化理论认识，培养创新精神和社会责任感，提高实践能力。

第二条 实践教学的基本原则

"思想道德与法治"实践教学贯彻两个"全员参与"原则。第一，"基础"课授课教师全员参与指导实践教学，授课教师直接指导所授教学班实践教学的各个环节；第二，全部修读"思想道德与法治"课程的各专业学生都必须参与实践教学。

第三条 实践教学的组织领导

教学工作委员会是"思想道德与法治"实践教学领导机构，负责制定规章，对实践教学工作进行考核；"思想道德与法治"课程负责人负责本课实践教学的组织实施。

第四条 实践教学的基本环节

"思想道德与法治"实践教学的组织以学期为单位。每个学期的实践教学由制定方案、考察调研、小组讨论、大班交流等四个基本环节构成。

（一）制定方案。每学期第一至第二周，课程负责人召集课程全体授课教师会议，制定本学期课程实践教学方案，并报学院教学科研办公室备案。实践教学方案应当包括如下要素：实践教学主题、实践教学主体（包括参加教师、学生及其规模）、实践教学时间、实践教学地点、实践教学团队构成（根据学生专业性质、教师授课规模组建团队，并确定每个团队负责人）等。

授课教师应当以教学班为单位同步布置实践教学工作。每个教学班划若干小组、任命组长；确定各小组参与考察调研的学生名单（每个教学班参加考察调研的学生数不少于班级总人数的10%）。制作班级分组名单及考核表。

（二）考察调研。考察调研工作在授课教师的带领指导下开展。考察调研应当围绕主题进行。考察调研过程由指导教师根据课程内容及考察基地的具体条件和情况进行设计，充分反映课程目标和教学目标。考察调研过程中要充分考虑和保障师生的安全。考察调研时间不超过一天，当天返回校园。

（三）小组讨论。小组讨论应当安排在考察调研后一周时间内，一般不占用课堂教学时间，由小组根据自身情况利用课外时间组织实施，小组研讨没有次数限制。小组研讨由各小组长主持讨论，并进行记录，各小组至少推荐1—2人参加大班交流，提交书面交流发言稿，并制作PPT。授课教师应当做好指导工作。

（四）大班交流。大班交流应当安排在小组讨论后的教学计划课时内进行（一般为3学时）。授课教师主持大班交流，但可以根据班级学生实际情况确定交流的组织模式。

第五条 实践教学的总结与材料归档

课程实践教学应当在每学期结束新课前两周完成。课程负责人完成实践教学的总结工作，撰写总结报告。各授课教师完成各自指导的实践教学班级的成绩评估，以教学班为单位制作实践教学报告、整理相关照片、视频，报送教学科研办公室。

（一）实践教学报告

实践教学报告应当包括如下基本内容：1.“思想道德与法治”实践教学方案。2.“思想道德与法治”实践教学总结。3.“思想道德与法治”实践教学学生分组名单及考核表。4.“思想道德与法治”实践教学过程材料，包括：参加调研学生名单，调研照片及相关材料，小组讨论照片及记录，大班交流PPT和其他文字材料。

（二）照片和视频

实践教学各个环节应当精选若干照片或视频并提交电子版，一律以“××年××专业××班级实践教学”为文件名并编号（××年××专业××班级实践教学01、××年××专业××班级实践教学02……）后压缩打包提交，压缩包统一命名为“××年××专业××班级实践教学资料”。

（三）实践教学档案建设

每个教研室每学期应当选出若干材料范本，规范装订成册后由学院存档，范本选择要兼顾专业覆盖面、教师覆盖面。学院建立实践教学电子档案。

第六条 实践教学的考核

“思想道德与法治”教师参与假期学生社会实践的，纳入年度考核和学年教学考核，作为确定考核成绩的依据之一。

第七条 附则

（一）课程组可以根据教学需要安排小型实践教学活动。但需要提交能证明活动的基本材料（包括照片）

（二）本规范2018年8月制订，2021年8月修订。

二、制定实践教学模式的实施方案

为了思政课实践教学模式的顺利实施，每学期开学前，思政课教师通过召开集体备课会的形式商讨新学期实践教学的相关问题，以此为基础，制定思政课实践教学活动的实施方案（见附录4，以2021—2022学年第一学期为例）。实施方案主要包括以下内容：

1.明确实施实践教学活动的目的。根据思政课教学目标，结合社会热点问题，确立实践教学活动的教学目的。每学期开学之前，借助集体备课会的召开，教研室教师在一起商讨实践教学活动的目的。在思政课总目标的范围内，教师们往往会结合社会热点和学生关心的话题确定具体的教学目的。

2.明确实践教学活动的主题。依据教学目标，结合社会热点问题，基于学生关心的话题，选取教学内容，明确教学主题。由于国内社会热点和学生关心的话题可能不同，每次实践教学活动的具体主题可能会有所差异。

3. 明确开展实践教学活动的时间和实践考察地点。根据教学目标和主题，选取开展实践教学活动的考察地点，以实现考察地点所蕴涵的文化价值主题与已经确定的实践教学主题相一致。在此基础上，根据实践教学主题所能反映的教学内容来确定实践教学活动的开展时间，这个时间具有一定的弹性，有可能会根据天气或其他事务再进行小幅度的调整。

4. 明确开展实践教学活动的过程。实践教学活动包括三个主要环节。首先，将全体学生分成若干小组，组长负责召集、组织小组实践教学活动。其次，小组讨论确定实践教学的具体主题，每个小组可以在授课老师确立的主题之下根据自身关注的热点问题再确立具体的小主题，并确定成员分工与合作，以及实践教学活动开展及成果呈现方式，实践教学成果形式可以是调查报告、课件或微视频。最后，实践教学成果呈现即大班汇报。每个小组将实践教学成果制作成PPT，派代表在课堂上向全班同学进行汇报。

5. 规定开展实践教学活动的纪律要求。一般而言，对教师和学生都会提出纪律要求，以确保实践教学活动顺利安全进行。对教师而言，要求所有授课教师均要创新实践教学模式，在实践教学活动中教师必须发挥主导作用，尤其是在实地考察教学活动中，要求所有授课教师都要带领学生前往考察基地，不可缺席，以确保学生实践考察的安全。对于学生而言，要求他们严格遵守实践教学纪律，如没有特殊情况必须参加，对于参与实地考察的学生，要求遵守考察纪律，不可随意离开队伍，等等。

6. 明确实践教学活动的考核问题。实践教学环节纳入考核体系，是学生本课程总评成绩的重要构成部分。那么，实践教学环节的考核如何进行呢？首先，实践教学考核的依据有四个，分别是小组组员参加实践教学活动的纪律性和参与度、小组讨论的充分性和成果交流的实效性。教师根据学生在实践教学中的表现及提交的材料进行考核。同时，考核结果保存至期末，并纳入学生的本课程总评成绩，占总评成绩的30%。

7.明确实践教学活动结束后需要提交的材料。实践教学结束后，教师依据《思想政治理论课实践教学规范》提交相关纸质材料，归档并进行教学总结。学生需要提交的纸质材料包括三类：一是照片类材料，主要有调研照片、小组讨论照片、大班交流照片；二是文字类材料，包括小组讨论记录和大班发言稿；三是大班交流的PPT。教师需要提交的纸质材料包括实践教学报告和实践教学总结。

附录4

2021—2022学年第一学期

“思想道德与法治”课程实践教学实施方案

一、实践教学的目的

通过组织本次实践教学，使大学生了解党的发展历史，全面客观地认识中国新文化运动的倡导者、发起者和主要旗手，“五四运动的总司令”，中国共产党的主要创始人之一和党早期主要领导人陈独秀，学习陈独秀先生勇于打破思想束缚，追求先进思想，坚持民主科学的精神，爱国爱党，勇于拼搏斗争的精神。同时也要不忘初心、牢记使命，不断地进行自我批评和自我纠正，明确目标，成长为有理想有本领有担当的时代新人。

二、实践教学地点

独秀园、校史馆

三、实践教学对象

实践教学覆盖2021级所有开设了“思想道德与法治”课班级的所有学生。“思想道德与法治”课程教研室全体教师对实践教学进行全过程指导。

四、本次实践教学主题和步骤

（一）实践教学主题：不忘初心，砥砺前行

（二）实践教学步骤：

1.将全体学生分成若干小组，组长负责召集；2.小组讨论确定实践具体主题，确定成员分工与合作，确定实践开展及成果呈现方式（调研报告、微视频）；3.成果呈现即大班汇报（制作PPT）。

五、实践教学时间安排

1.实践教学总计9学时，其中，分组讨论3学时，开展实践3学时，全班交流3学时。

2.实践教学时间初步定在2021—2022学年第一学期的第十、十一和十二周。有特殊情况再调整。

六、实践教学的要求

1.师生全员参与，严格遵守实践教学纪律。

2.学生实践教学三个步骤均有材料支撑，并存档管理。

七、实践教学效果的评价

1.评价的三个环节：小组组员纪律性、参与度，小组讨论的充分性，成果交流的实效性。

2.评价操作：教师根据学生的表现及提交的材料打分。

3.评价结果应用：保存至期末，并入学生的本课程总评成绩。

八、实践教学材料的处理

将所有实践教学相关材料提交至学院存档。

三、实践教学模式实施的三个阶段及其注意事项

（一）准备阶段

准备阶段是为了推进实践教学顺利实施，取得预期成效作充分准备的阶段。在这个阶段，教师通过集体备课和召开教研室会议的方式，制定实践教学模式的实施方案，明确实践教学目标和主题，选定实践教学的内容即章节内容，确定实践教学的考察地，确定时间，以及制订相关纪律要求。在准备阶段，主要任务和教学环节包括：一是对学情进行分析，了解班级专业等情况是确定实践教学主题和内容的前提。二是授课教师要通过集体备课或召开研讨会对实践教学主题、内容和考察地点进行讨论和明

确，这便于授课教师根据实践教学主题和考察地点设计教学环节和组织教学。三是根据上述两个阶段的情况制订实践教学实施方案，方案的制订以分组形式进行，即授课教师分成小组，每个小组的教师所带班级的实践教学目标、内容和主题基本一致，实践教学方案的制订以小组为单位。四是在新学期开始之时就应该将实践教学环节向学生作介绍，让学生提前做好思想准备。同时，对班级学生进行分组，确定组长及其职责分工，并明确小组在实践教学中的主要任务。

（二）组织实施阶段

组织实施阶段主要是指实践教学方案落实的阶段，是从实践教学活动的开始到结束的整个过程。这一阶段的主要任务和环节是：一是组织学生代表参观考察实践教育基地，组织学生围绕主题开展调研并搜集相关材料；二是小组围绕主题开展讨论研究，小组成员在组长的召集和协调下，结合实地考察搜集的信息，就自己小组的主题展开讨论研究，并形成实践教学成果，成果可以是调研报告，也可以以论文和视频的形式呈现；三是实践教学成果在班级进行展示交流，每个小组派出代表，就本小组的实践教学成果在班级进行展示，要求制作PPT，各小组之间进行交流；四是授课教师就每个小组展示的实践教学成果进行点评分析，肯定成绩，指出不足，明确完善的方向。

这个阶段的注意事项主要有以下几点。一是组织学生考察实践基地时务必注意学生安全，包括交通安全、人身安全和财产安全，所以在设计阶段对纪律要求的考虑要格外细致周到，这本身也是实践教学的内容之一。二是授课教师要全程指导，尤其是“思想道德与法治”和“中国近现代史纲要”两门课程开设在大学一年级，大一的新生对于在实践教学中围绕教学主题充分发挥主观能动性来完成教学任务的要求往往不知所措，需要教师全程指导，只有这样，实践教学的质量才有保障。三是对学生自主完成的教学环节，也就是小组研讨和形成实践教学成果环节，授课教师要做好监督工作，如小组讨论环节，如果没有教师的监督，学生们完成的质量就无法保证；而课堂展示实践教学成果环节，授课教师应特别提醒学生要把控好时间，最好对每个小组展示时间作出最长时间的限制，否则，有些小组展示时间很短，有些小组展示时间过长，这样就很难在规定的教学时间内完成教学任务，同时，也存在不公平的嫌疑。

(三)反馈完善阶段

实践教学实施环节结束后，每个授课教师要做实践教学的总结，并将总结反馈到教研室，授课教师之间要进行交流，发现不足，分析原因，提出完善对策，并提出下次组织实施实践教学活动的方向，即撰写实践教学总结。这个阶段要注意的事项主要是让教师们认识到这个阶段的重要意义，虽然它是整个实践教学过程的最后环节，但是它既是对本次实践教学活动取得的经验和存在的不足做出一个总结，也为下一阶段的实践教学活动的完善提供方向，是我们不断改进实践教学必不可少的一个重要环节。在实践教学过程中，经常会出现个别老师轻视这一个阶段的现象，他们认为，实践教学环节都结束了，老师们再来总结反馈意义不大，可有可无，所以在后续的交流反馈中往往会出现应付和拖拉的情况。另外，还要将学生的实践教学材料包括PPT、调研报告或者视频等收集整理并装订成册。

第二节　高校思政课网络教学模式创新的实践探索

随着网络技术和信息技术的迅猛发展，互联网已经成为教学的好帮手。课题组所在单位的思政课教师在坚持线下教学的基础上，利用互联网构建了思政课网络教学模式，实现线上和线下教学相结合。为了充分调动大学生学习的积极性，提高教学的针对性、趣味性和互动性，“坚持统一性和多样性相统一”，课题组所在单位自2020年以来就开始推动网络教学模式创新探索。网络教学模式创新从三条战线展开：一是借助网络教学平台开展网络教学活动，如利用学习通教学平台、雨课堂、MOOC等，以实现教学资源的丰富化和教学信息的共享；二是借助自媒体网络平台，有针对性地开展“一（教师）对多（学生）”和“一对一”的教学活动，解决学生在学习和思想上的个性化困惑，增强教学的针对性和实效性；三是将网络教学平台与自媒体教学平台相结合，实现规定教学模式与自主学习模式的统一。

一、高校思政课借助网络教学平台实施网络教学模式创新

随着互联网与教育信息技术的联手，教育教学活动不仅可以拥有丰富的、新颖的、可资利用的教学资源，而且形式多样，有图片、视频、文字、语音等，这对新时代的大学生有足够的吸引力。尤其是在新冠疫情发生后，网络教学模式日益普及，课题组所在单位的思政课教师正是在新冠疫情发生期间通过培训等方式掌握了运用网络教学平台开展教学的方法。

(一)创建大规模在线开放课程MOOC

课题组所在单位的思政课教师依托相关课题，在安徽省网络课程学习中心（e会学）创建了大规模在线开放课程“思想道德与法治”。课题组所在单位的思政课教师制作并上传课程简介、教学大纲、授课教案、PPT、视频、教研成果、作业习题、试卷库、考核要求等教学资源至网络课程学习中心网站。在观看教师理论讲授视频的基础上，学生可自由登录网站，进一步了解课程性质，选做习题，巩固学习效果，从而实现线上与线下教学的双向融合。同时，学生可以对网络教学资源进行评价反馈，也可留言给教师。由于这些网络教学资源都是课题组所在单位的思政课教师制作并上传，这保证了教学资源更加符合本校学生实际情况，对线下教学是一个有益的补充，有利于增强教学的针对性，从而提高教学实效性。但是，也有不足之处，那就是学生选择的空间不大，因为这些上传的教学资源总体上类型不多，趣味性有待提高，对学生的吸引力有限，无法最大限度地激发学生自主学习的积极性。

(二)借用网络教学平台，促进资源共享

网络教学平台具有教学资源集中、丰富、形式多样的特点，通过购买网络教学平台如学堂在线、e会学、雨课堂、泛雅平台、超星学习通、尔雅通识课、学银在线等，供教师和学生学习和参与，也可建立师生共享的

网络平台，充分利用平台的优质教学资源，促进教学资源师生共享。具体实施过程如下：一是充分利用网络平台上的各种教学资源，有选择地引导学生提前学习和预习，完成相关教学任务；二是将线上教学与线下教学结合起来，如利用雨课堂教学平台，实现线上教学与线下教学有机统一，充分发挥线上教学平台的优势，弥补线下教学的不足，优化教学实效性。各个网络教学平台功能不同，授课教师们可以根据教学需要选择相应的平台进行网络教学。为了保证教学质量，在正式上课之前，需要教师和学生做充分的准备，教师要给予学生正确的引导。同时，借助网络教学平台组织实施教学活动，也会带来相应的教学模式的变化，如可以利用超星学习通、尔雅通识课、学银在线等网络教学平台，组织开展翻转课堂教学、对分课堂等，实现教学模式的彻底革命。如采用雨课堂开展教学，就可以在网络上查找相关教学资源，提前推送给学生学习，然后实现在课堂教学中的检测，以发现问题，从而开展有针对性的教学活动。而且，雨课堂对于在教学活动中实现师生互动非常方便，有力地解决了大班教学不利于师生互动的问题，从而增强了教学的趣味性，有效增强了教学效果。

当然，借助网络教学平台组织教学活动，切忌完全依赖这些教学平台，思政教师要充分利用网络教学平台的优势，克服传统线下教学的不足，实现教学效果的最大化。课题组所在单位选用了不同的网络教学平台开展网络教学，有的教师使用超星学习通、e会学、学堂在线等，有的教师采用了雨课堂网络教学平台等。网络教学模式的具体应用如下：

首先，课前准备阶段。高校思政课教师可以充分利用网络教学平台的预习功能，调动学生自主学习的积极性。教师在网络教学平台上搭建好课程的章节，提前上传发布课程的课件、教案、相关资料、微课视频等教学资源，将教学内容中的重点难点知识标注出来，让学生提前了解教学的内容。同时，通过网络教学平台布置课前学习任务和讨论思考题，利用网络平台的通知功能提醒学生查收并完成课前学习任务单。学生可以根据教学任务和学习目标自主选择相关教学资料，并在讨论区、聊天区或通过微信端和QQ端留下预习过程中的疑问，以方便老师掌握学生关注的问题，并将其纳入课程教学任务中，以便在教学中解决。

其次，课中进行阶段。利用网络教学平台开展教学活动，有力地增加了教学过程的趣味性和互动性，从而有效激发学生参与教学的积极性和创造性。正式讲课之前，授课教师可以利用网络教学平台如雨课堂或超星学习通平台等发起“签到”，掌握学生出勤信息。依托网络教学平台进行分组任务，按照班级学生的数量及学生的个性等合理安排学习小组，并让学生参与小组命名，激发学生的主体性。教师在授课过程中可以根据重点难点教学内容发布测试试题，检验学生对教师讲授的理论知识的掌握情况，以此作为调整课堂教学内容和方法的依据，并为下个教学环节的组织实施提供参考。教师还可以利用网络教学平台的测试功能，快速计算出学生在课堂答题中的积分情况，以此作为学生平时考核的基础和依据。教师还可以利用网络教学平台的分组管理和评价功能，锻炼和提高学生的合作意识和能力，增强教学评价的客观性和公平性。譬如：如果是分组讨论某个问题，那么小组成员需合力为自己小组攒积分，而分组讨论的评价结果经平台上教师评价、组内互评、组间互评和自评等多元评价得出，这有效地增强了教学和学习的趣味性，进而调动了学生学习的主动性。针对某一个具体问题的提问，教师还可以利用“抢答”和随机“选人”功能提问学生，丰富课堂的提问形式，增加提问的刺激性。教师还可以通过“投票”“问卷”等活动功能模块针对某一教学内容让学生进行投票，后台自动生成数据，方便统计，以此考查学生的情感态度和价值观。总之，高校思政课教师可以充分利用网络教学平台功能，根据教学目标、学生专业和身心特点，遵循教师主导和学生主体相统一原则，实现教学效果的最优化。

最后，课后总结阶段。课后，是对课中教学过程进行归纳总结的阶段，也是学生进一步巩固教学内容的阶段。高校思政课教师同样可以运用网络教学平台的诸多功能为实现教学目标服务。一是思政课教师可以通过网络教学平台发布课后作业，巩固学生对教学重点难点的掌握。课后作业可以是小组任务，也可以是个人任务，教师对学生的作业情况进行统计与分析，给出相应的分数或等级，将评价意见及时反馈给学生。同时根据网络教学平台的数据统计分析学生易错点和理解难点，实施个性化的、有针对性的辅导。二是思政课教师与学生在群聊区就课后复习的疑惑继续进行交流和思想碰撞，有助于教师进一步了解学生对知识的掌握情况，针对性地对于一些难点问题进行讲解。三是思政课教师对整个网络教学过程进行归纳总结，坚持问题导向，持续改进教学过程，不断提高教学质量。

总之，借助网络教学平台组织教学，教师可以对学生在课前准备、课中实施、课后总结等多个教学环节的学习情况进行多元评价分析，包括签到率、资料观看次数、讨论区发布数和回复数、测试得分、小组任务评分、课堂参与度等，这些信息可以具体到每一个学生，实现了教师对每个学生在教学过程中的状态和表现的掌握，助力提高教学针对性。

二、高校思政课借助网络自媒体平台实施网络教学模式创新

在自媒体时代，普通大众可以借助网络向外发布信息，在现代信息技术的支撑下，可以随时随地发布信息，而且发布信息不再是特定主体的行为和权利。自媒体具有隐匿性和即时快捷的特点，为高校思政课教学改革创新提供了新思路，有力地促进教学模式的转型，即教师与学生可以借助自媒体实现一对一或者一对多的互动，也可以利用自媒体帮助学生解决思想或情感上的困惑。这可以有效弥补一般网络教学平台和线下大班教学的不足，增强教学的针对性和实效性。课题组所在单位所有授课教师都与教学班级学生建立了课程微信群或QQ群，通过这些自媒体终端，可在课前将相关教学材料推送到群里，让学生提前做好预习；也可以推送相关社会热点问题，引发学生讨论和思考，教师再做相应的引导等。而学生也可以就课堂教学内容直接在课程群里向教师提问，教师可以随时随地予以解答。如果学生遭遇了思想或者情感困惑，就可以通过课程群与教师成为微信或者QQ好友，直接与教师一对一的交流沟通，以比较隐蔽的方式寻求教师的帮助。目前由于招生规模过大，思政课教师课程教学任务重，大班教学几乎成为常态。在这种情况下，自媒体终端则有效地解决了这个问题。

网络自媒体平台的具体运用如下：首先，思政课教师在开始上课前，可以借助自媒体平台发布教学相关资料，如教案、课件、微视频等。在此基础上布置相关的测试题或者教学任务，让学生围绕测试题或教学任务进

行预习，增强学习的针对性和有效性。其次，思政课教师在课后借助微信或QQ群发布课程作业，要求以分组或个人的形式完成并提交，深化学生对课堂教学中传授的相关理论知识的掌握。再次，借助微信或QQ，授课教师可以根据学生在教学过程中的表现进行个别交流，有针对性地解决理论学习中的问题。最后，在日常生活中，教师可以借助自媒体终端，为学生提供思想或情感困惑的解决之道。由于互联网具有很好的隐匿性，学生也可以通过微信或QQ将自己在学习、生活、情感上遇到的困惑与教师分享，从而获得教师的帮助。总之，网络自媒体可以有效弥补网络教学平台的不足，也可优化线下教学模式的策略，网络教学平台与线下教学活动相结合，实现教学效果的最优化。

三、高校思政课网络教学模式创新的实践效果

（一）充分调动了学生参与教学的积极性

借助网络教学平台创新网络教学模式，实现了在教师主导下调动学生参与教学积极性的教学效果。一是调动学生自主学习的积极性。以教师构建和发布的网络课程资源为支撑，能够满足学生自主学习、个性化学习和随时随地反复学习的需求。与线下教学模式相比，学生的学习需求满足程度更高。二是在教学过程中，学生通过网络平台上设置的模块功能与教师进行互动，既可以通过网络教学平台上的评论功能发布疑惑，也可以通过微信或QQ等网络终端向教师发送相关信息。这有利于避免个别学生怯于当面提问的问题，对调动学生积极解决自己在学习中的问题和思想上的困惑大有裨益。三是课程资源库里的课件、教案、视频等教学和学习资料，学生可以反复回看，有助于学生巩固对重点难点内容的掌握，还能随时随地学习。因此，对于学生来说，借助网络进行自主学习，不仅可以提高学习的自主性，而且可以有效提升自学能力和学习质量。

（二）激发了学生学习的兴趣

利用网络教学平台组织开展教学活动，相比线下教学模式有其教学形

式上的优势，如在线播放视频、PPT，录制速课，在线白板示范，在线分组，在线随堂练习、测试，在线群聊、讨论、答疑，等等，完全构建了一个师生、生生互动的教学和学习过程。在这个过程中，学生能够充分体验人际交流带来的快乐。再结合网络教学平台上的签到、选人、抢答、投票等有趣的功能，不仅使学生必须集中精力全程参与，没有时间开小差，否则在测试和点名等环节就会出问题；而且由于线上教学过程充实而有趣，有效激发了学生学习的兴趣，有了兴趣，学生对思政课教学活动就有了期待，从而使思政课教学活动形成了一个良性循环过程，真正成为学生喜爱的课程，有力地增强思政课教学效果。

（三）增强了教学的针对性

网络教学平台一般都有答题模块，而且还会自动批阅、自动生成成绩。教师通过查看自动生成的学生上课综合统计数据，全面了解学生的学习情况，掌握运用网络教学模式的教学效果。这种有效的教学效果反馈方式，有利于教师掌握整个教学过程和学生学习情况，有利于调整后续教学的内容、方法和进度，有力地增强了教学的针对性，这是其一。其二，通过网络教学平台的教学互动，还能有效掌握个别学生的学习和出勤情况，然后再利用网络自媒体平台实施个别谈话和交流，有针对性地解决学生学习和思想上的问题，从而增强教学的亲和力和实效性。

四、高校思政课网络教学模式创新的实践反思

（一）网络教学对学生的自控能力有更高的要求

使用网络教学平台开展教学活动是对线下课堂教学的有益补充，它有效弥补了线下教学中学时不足以及学生主体性发挥不充分的问题。然而，由于网络教学的隐匿性以及教师监管视野的有限性，利用网络教学平台组织教学活动对学生的自我控制能力提出了更高的要求。学生在使用智能手机和电脑修读网络课程时，如果自控能力较弱，在完成签到后就有可能做与上课无关的事情，如玩游戏、与朋友微信或QQ聊天、追剧，等等。在

网络教学实践中，会遇到学生签到全部完成，而在课中使用随机“点名”功能时，有学生就没有反应的情况；还有在课堂中进行测试时，有个别学生连续几道题都没有完成而得分为零的情况。诸如此类的情况都说明了学生在上课过程中开了小差。因此，在没有线下教学过程中教师的实时管理和监督的情况下，要保证网络教学的质量，就必须对学生的自控能力提出更高的要求。

（二）网络教学中的师生情感交流不畅

在线下教学过程中，授课教师会通过语言表达传授理论知识给学生，与学生进行思想交流，而且教师会注重调动情感来渲染教学氛围，如教师会用恰当的语言、动作和表情去感染和教育学生，调动学生学习的积极性，使学生精神上获得熏陶，从而实现师生之间的情感交流，满足学生情感成长的需要。而利用网络教学平台组织教学活动，由于网络视频空间有限，网络教学主要是人机交流模式，学生面对的是没有情感的移动终端设备。因此，线上教学中的师生之间和学生之间的情感交流因素被严重弱化，甚至消失。这对学生积极情感的培养、学生交往需要的满足极为不利。

（三）网络教学不利于集体观念的培养

正如上文中所论述的，人具有社会性，需要通过人际交往来产生情感联结，来满足心理的各种需要。虽然在网络教学平台上也能进行交流，但是与现实中的人际交往相比缺少了情感和温度，大家面对的都是网络终端的手机或电脑，在物理空间上，每个学生都是独自待在自己的空间里，借助手机或电脑进行交流，使用这个媒介，既有交流不畅的问题，又不能完全感受现实中人际交流带来的微妙的情感和温度体验。即使在网络教学中有分组学习的环节，但因为缺少线下教学中有固定班级的场景组合，没有线下的班级活动，这对于学生集体观念的培养非常不利。

五、高校思政课网络教学模式的优化对策

（一）提升思政课教师网络教学的能力

教育信息化背景下，运用网络创新教学模式是教师必备的能力之一。创新网络教学模式，需要提升思政课教师的网络教学能力。首先，高校思政课教师要主动适应教育信息化时代的线上教学需求，增强教育信息化教学的意识，自觉提高网络教学能力，学会整合和优化网络教学资源，利用网络探索创新适应学生身心特征和成长发展规律的教学模式，增强网络教学的吸引力，提高学生在线学习的积极性。其次，要对教师网络教学能力进行系统化培训，即不能仅仅依靠教师自身学习网络教学，而是学校或者学院也要组织教师参加相关培训。在培训内容上，不仅仅要培训教育信息化相关技术操作知识，而且从思想意识到信息技术操作，从信息化环境到信息化技术创新运用等都需要进行系统培训。最后，思政课教师要积极创新教学情境，通过音频、视频、图片等教育资源创设富有感染力的网络教学场景，激发学生参与网络教学的自觉性和主动性。

（二）丰富网络教学的情感交流方式

网络教学存在于虚拟空间，教师和学生分居不同的场所，学生与学生之间的交流也只能依靠网络，都缺乏直接交流，这导致线下教学过程中所具备的情感熏陶和情感交流功能缺失，学生在网络教学中就会很难培养起班级归属感、师生和生生之间的亲近感和信任感。而在思政课教学活动中，情感交流尤为重要，只有在充分的情感交流中，师生之间、学生之间才能培养起对彼此的信任，教师传授理论知识才会被学生所认同。因此，高校思政课教师要在网络教学过程中创新和丰富与学生之间的交流沟通方式，使学生对教师、对同学形成情感互动。首先，教师要密切注意学生的网络学习情况，多借助微信和QQ端构建与学生的私聊渠道，就教学、纪律、思想、情感问题与学生进行一对一的交流沟通，使学生感受到教师对其的重视，从而增强学生的归属感和对教师的信任感。其次，要增强学生

在线学习的合作感和成就感，如通过举办线上讨论会，鼓励学生在讨论区发言等增加学生之间的交流与互动，优化他们的网络学习体验。最后，要多创设一些协同型的学习任务，让小组成员一起完成任务，在完成任务的过程中，小组成员能够积极地进行沟通和交流，从而培养学生的团队合作意识，增强集体荣誉感和集体意识。

(三)重视学生自控力的培养

由于网络教学空间具有隐匿性，一旦学生缺乏自制力，网络教学的参与度就会受到影响，无法保证教学质量，因此，高校思政课教师要重视学生自控力的培养。首先，在网络教学中，思政课教师应掌握好教学的节奏，适当安排一些课间节目如讲一个笑话、播放一段音乐等缓解学生的疲劳。其次，思政课教师要丰富教学形式，通过点赞、加分、发送不定时小彩蛋等多种形式调动学生学习的积极性。还可以对在教学中表现优秀的学生进行奖励，如对在网络教学测试中获得高分的学生颁发“学霸奖”，对在网络教学中积极参与互动的学生颁发“霸屏奖”，对满勤的学生颁发“全勤奖”，对在网络教学中不断进步的学生颁发“进步奖”等电子海报奖状来鼓励学生多参与其中，并将其纳入课程总评成绩的考核之中。当然，对于那些在网络教学中表现不佳的学生也要采取相应的惩戒措施。

(四)建立网络教学模式创新的相关制度

利用网络手段实施教学，并非所有教师都乐意接受，因为需要付出时间和精力等成本，因而，推进网络教学模式创新的进度会受到教师意愿的影响。为了有效推进网络教学模式创新，有必要制定相关制度，积极引导和帮助教师采用网络手段开展教学。课题组所在单位的支持下，不仅制定了线上教学工作方案蓝本（学院在蓝本基础上进行完善形成线上教学工作方案，见附录5），而且利用相关资源，对教师进行线上教学的相关培训，为思政课教师采用网络手段组织实施教学创造了条件。需要注意的是，在制定相关制度文件时，一定要结合本校的网络教学资源情况，以及学院教师结构特点和相关教学资源。

附录5

思想政治理论课程线上教学工作方案

为了提高思政课教学的针对性，增强思政课教学的实效性，我院组织开展思政课程线上教学，现将有关工作安排如下：

一、组织机构

线上教学工作将在教学工作委员会的统一领导下开展。为了保障和落实线上教学工作的各项任务，确保线上教学机制健全、保障得力和运行高效，现成立若干工作组。

（一）教学质量保障组

组长：×××、×××

成员：×××、×××、×××、×××、×××、×××

联系人：×××

（二）学生学习保障组

组长：×××

成员：×××、×××

联系人：×××

（三）在线教学指导组

组长：×××

成员：×××、×××、×××

联系人：×××

二、总体要求

线上教学坚持以“学生为中心”原则，服务学生学习和成长需要；随时随地解决学生在教学过程中遇到的问题和思想困惑，切实保障思政课教育教学秩序；充分利用现有网络教学平台和网上教学资源，实现师生资源共享，促进学生自主学习。

此次拟开设的线上课程包括面向全体学生的在线思政课程。

三、工作安排

（一）线上教学时间安排

1.每学期开学初，开展线上教学的授课教师名录、对应课程及相应的线上教学模式，由学校教务处完成线上教学班级在线注册和组班工作；

2.教师按原课程表对应时间和节次开展网上在线教学。

（二）线上教学模式与资源

1．线上教学三种模式。一是利用现有网上资源（MOOC）学生自学、教师指导模式；二是教师利用智慧教学手段进行线上直播模式。思政课教师要根据课程内容原则上要保证每学期均能采用线上教学模式，做到“应开尽开，能开必开”；三是思政课教师利用微信或QQ等终端，随时随地回答学生的疑问，做到有问必答，提高教育教学的针对性。

2.线上教学资源。采用学生自学模式的课程，可充分利用超星、学堂在线、e会学等公司提供的线上教学资源和课题组所在单位的网络教学平台已上线的尔雅通识课、校本精品课程、校本MOOC等网络课程资源组织学生进行自学。

四、相关要求和说明

（一）务必高度重视。思政课教师积极利用互联网信息技术，要确保线上教学的各项措施落到实处，学生选课、学习、教师辅导答疑、成绩考核等有条不紊地进行，确保线上教学质量。

（二）坚持统一管理原则。由教研室拟定每门思政课程的线上教学计划安排，确保统一备课、统一教学任务、统一教学进度、统一教学要求，报学院审核后执行。

（三）确保教学质量。思政课教师要做到对教学课程中每名学生完成各教学环节相应学习任务的管控，要对学习有困难的学生进行单独的课程辅导；学生要积极配合教师完成线上学习任务，确保“教师真在教、学生真在学”，保证教学进度和效果。创新线上考核模式，坚持“标准不降、形式多样、方式灵活”。

（四）加强经验总结。思政课教师要及时总结线上教学的成功经验并加以推广运用，化危为机，积极打造一批线上一流课程，进一步深化信息技术与教育教学的融合，进一步提升我院思政课教学质量，增强教学效果。

第三节 高校思政课自主探究教学模式创新的实践探索

一般教学模式中往往是教师的主导作用发挥得较为充分，学生的主体性发挥有所欠缺，甚至少数教学活动实行“满堂灌”，学生完全处于被动状态，忽视了对学生主体性和探索精神的培养。学生是学习活动不可替代的主体，一切教学活动的出发点是学生，落脚点是学生，教学活动的本质是让学生在教学过程中感受、体悟和理解。因此，教学活动在教师的主导下，一方面要基于学生的主体性进行设计，另一方面要着力培养和增强学生的主体性，而高校思政课教学更应该突出学生主体性在教学中的应用和发挥。为了实现教师主导性与学生主体性有效结合，让学生在教学活动中学到更多，课题组所在单位遵循“坚持主导性和主体性相统一”原则，推动自主探究教学模式创新实践，充分发挥学生参与教学活动的主体性，增强了学生的自主意识和创新精神。

自主探究教学模式创新实践中，课题组所在单位的教师坚持“自主、探究、合作”的教学理念，根据大学生的理论知识基础和思维能力，紧密结合社会热点问题来确定探究主题，让大学生学会运用理论知识分析社会现实问题，掌握科学的分析方法，更深刻地认识社会，培养社会责任感和主人翁意识。与此同时，在自主探究的过程中，积极发挥学生的自主性，要求学生之间要通过合作来完成教学任务。自主探究教学模式以培养学生的主体性和创新精神为目标，集知识学习、能力锻炼和素质培养于一体，对增强教学实效性具有重要意义。

一、高校思政课自主探究教学模式的实施过程

自主探究教学模式实施过程涉及观察社会热点问题、提出问题、作出假设，根据学生身心发展特点和思想品德发展水平确定探究主题，然后设计探究方案并开展探究工作，这个过程可以概括成以下几个步骤。

（一）设问质疑，确定探究主题

自主探究教学模式的前提和基础以及核心环节是探究主题的确定，因为自主探究教学过程是围绕主题展开的。设定需要探究的主题，这是组织实施自主探究教学模式的起点。确定探究主题有两种方法：一是由授课教师确定。授课教师需要依据教学目标和教学内容，结合学生身心发展特点和思想品德现状，对社会热点问题进行搜集和精心研究，以确定探究主题。探究主题可以是一个，也可以设置多个，由学习小组从中选择。确定的探究主题要难度适中，逻辑合理，有显著的教育意义。二是由学生确定探究主题。教师应该在搜集研究的基础上将社会热点问题引出，让学生根据社会热点问题自行确定主题。授课教师可以引出两到三个社会热点问题，让学习小组选择。授课教师也可以引导学生自己去发现社会热点问题，然后由学习小组确定探究主题，这对学生的观察问题、分析问题和逻辑思维能力的要求都比较高，是否采用这种方式确定探究主题，需要根据学生身心发展和综合素质来确定。

课题组所在单位在实施自主探究教学模式过程中主要针对不同专业采用不同的方法来确定探究主题。对于文科类专业的学生，授课教师会将社会热点问题引出，在此基础上，让每个探究小组根据自己的理解和文献资料的搜集情况来初步确定自己小组要探究的主题。教师就小组初步确定的主题与学生进行讨论并修改完善，最后确定要探究的主题。对于理工科类专业的学生，授课教师则会提供几个探究主题，由学习小组选择确定。这样做可以有力保障探究教学的效果，避免出现在自主探究教学模式实施过程中出现因为主题不明确或错误而影响教学进程和教学质量的严重后果。

与此同时，由于开展自主探究教学过程是以学习小组为单元展开的，因此，在这个环节，思政课教师要指导学生进行学习小组的构建。学习小组构建要尊重学生意愿，教师根据班级人数确定每个学习小组的人数，然后由学生自主构建学习小组。在学生自主构建的基础上，如果有学生无法自主完成的情况，教师再作协调。这样构建起来的学习小组，一般而言，小组成员之间关系融洽，在完成教学任务过程中合作便利，沟通顺畅，有利于实现教学目标。

（二）开展探究活动

确定了探究主题后，教师就需要组织学生开展探究活动，这是自主探究教学过程的关键和主体环节。思政课教师要指导学习小组的学生围绕探究主题拟定合理的探究方案，选择恰当的探究方法。学生是这个环节的真正主角，从探究方案的制定、探究方法的选择、探究策略的确定、探究任务的分工合作、探究活动的推进、探究报告的撰写，等等都由他们亲手完成。在这个过程中，特别需要注意的是，教师要与所有学习小组随时保持联系，因为学生在探究活动中，随时都会遇到一些自己解决不了的问题，一旦出现这种现象，教师要及时提供指导。如在这个环节中，有的探究主题需要学生通过实地考察或者调查获取相关数据，教师应该对学生的安全问题作出周密安排并提供保障；有的学生在探究活动中会遇到文献资料缺乏的问题，那么教师要为学生开展探究活动提供必要的文献资料或者实验条件；等等。总之，在开展探究活动这个环节，教师发挥指导者的角色，学生以学习小组的形式来完成探究任务。学生在这个过程中扮演着主要角色，在教师的指导下独立完成探究任务。

（三）形成探究结论

经过探究活动的展开，学习小组对各自的主题要形成结论，以报告的形式呈现，并要求制作成PPT。同时，学习小组对各自的探究活动进行总结梳理，谈感受、收获和存在的问题等。需要注意的是，经过探究活动得出的结论应该是开放性的，只要符合自主探究教学活动的目标即可。因此，教师应鼓励不同的学习小组可以就同一探究主题提出不同见解和主张，这有利于培养学生的主体意识和创新意识。

（四）分享探究成果

在这个环节，让每个学习小组将自己的探究成果与全班同学分享，具体包括以下步骤：首先由学习小组派出代表将自己小组的探究成果通过

PPT形式介绍给全班同学。然后由其他小组成员对本小组的探究成果进行讨论，提出自己的看法，其他小组依次进行。这样，各个小组之间进行成果分享，并通过讨论、辩论产生思想碰撞和启迪。最后，学习小组分享探究成果结束后，各个学习小组根据分享过程中得到的其他小组同学的建议和思想启迪，对探究成果进行修改完善。在这个环节，教师要提前安排好探究成果分享的小组顺序，以及每个小组分享成果的时间。同时对每个小组的分享情况进行记录，以此作为后续反馈的信息来源。

(五)反馈矫正

各个学习小组对探究成果进行修改完善后，提交给教师。思政课教师根据探究成果的整体结构是否合理，运用的探究方法是否科学，形成的主要观点是否具有创新性，以及论证是否充分，行文是否符合规范等几个方面对各学习小组的探究成果进行考核评价。之后，教师要将考核评价结果反馈给各个学习小组。在将评价结果反馈给各个小组时要注意的问题是：一是要对自主探究教学活动做得比较好的学习小组给予明确的肯定和表扬；二是对每个学习小组探究成果进行评价时，在肯定其成绩的基础上，再说明不足的方面，指导他们如何改进和完善。

二、高校思政课自主探究教学模式实施中教师需要注意的事项

以“自主、探究、合作”为教学理念的自主探究教学模式的优势显而易见，然而，它的高效运行需要诸多条件的支撑，其中，思政课教师尤其需要注意三个方面的事项。

(一)教师要全程全身心投入

思政课教师在自主探究教学模式中虽然只发挥指导作用，看似教学任务减轻了，但是实际上教学任务加重了。在自主探究教学过程中，教师要发挥“导演”作用，对学生的自主探究过程进行全程指导。一般的线下教学模式中，教师在备课过程中只要结合学生的身心发展特点，把自己的教学过程考虑清楚、设计充分即可。而在自主探究教学过程中，思政课教师

除了要完成确定教学目标、选择教学内容、设计教学程序、搜集社会热点问题、把控学生自主探究的主题等教学任务，还要考虑和解决各个学习小组在自主探究过程中遇到的所有问题，并对学生提出的各种疑问进行解答，对学生自主探究过程进行督促，对学习小组形成的探究成果进行分析和评价，等等。其实，在自主探究的过程中，思政课教师的教学任务变得更加繁杂，因此，要想自主探究教学模式能取得良好的教学效果，教师要全程全身心地投入。

（二）要重视学生主体性的发挥

在教学过程中，要充分发挥学生的主体性，这是自主探究教学模式的优势和目的所在。自主探究教学活动中，学生真正成为教学活动的主角，不再是被动的参与者，而成为自己学习的真正主人。从探究主题的确定、学习伙伴的选择、学习小组成员之间的分工合作、探究方法的选择、探究成果的形成，等等，学生都是按照自己的理解尽情发挥。思政课教师要高度重视学生主体性的发挥，这既具有可能性也具有必要性。大学生具有一定的学科理论积累，具备了一定的批判意识和能力，这是充分发挥学生主体性的可行性所在。同时，新时代，社会发展需要具有自主意识和创新精神的人才，在教学过程中充分发挥学生的主体性有助于进一步激发学生学习和探究的积极性，从而巩固和提高其主体性和创新精神。

（三）要促进教师主导性和学生主体性辩证统一发展

在组织实施自主探究教学模式中，教师既要把握好自己的“导演”角色，又要注意激发学生扮演“主角”的热情。自主探究教学模式在实施中最容易出现两方面的问题：一是教师在惯性思维的作用下，很难控制自己内在的教学动力，一不小心就会涉足学生自主探究过程之中，甚至亲自上阵，给学生出谋划策，对学生正在探究过程中的观点主张进行点评并给出自己的看法，这是教师对自己行为控制不力的主要表现。二是学生在自主探究教学模式中，自主性发挥不够，主要表现为：一些学习小组不知所措，在等待教师的指令，或者等着观看其他小组的做法，依葫芦画瓢；一些学习小组出现了“头动尾不动”的情况，即学习小组组长积极参加教学过程，而其他成员则消极被动；还有个别学习小组抱着完成任务，“糊差事”的态度应付教学任务，全程教学效果不理想。因此，教师在推动自主探究教学模式创新过程中，要注意自己的教学惯性，在做好指导的同时尽量少涉足或者不涉足学生的自主探究过程，而是将更多的精力放在如何激发学生参加自主探究的积极性上，加强对学生学习方法的研究和指导。

三、制定思想政治理论课程自主探究教学创新的相关制度规范

任何一种教学模式的创新不仅要付出时间和精力成本，而且会面临着是否有效果的风险考验。自主探究教学模式的创新探索同样需要教师承担这些成本和风险。同时，教学模式创新还意味着多种选择，在需要承担成本的前提下，教师一般也会秉持一种“多一事不如少一事”“能不这样做就不这样做”的心态对待创新。在这种情况下，要推进教学模式创新，不仅要从制度层面推动，而且需要制定相应的教学规范，统一和规范教师的创新行为。课题组在所在单位制定的相关制度基础上，制定了思想政治理论课程自主探究教学规范（见附录6）。在此基础上，针对不同学期的不同探究活动制定相应的实施方案，如2020—2021学年第二学期“思想道德修养与法律基础”课程自主探究教学活动的实施方案（见附录7），为教师教学活动提供具体的指导。

附录6

思想政治理论课程自主探究教学规范

为贯彻全国全省高校思想政治工作会议精神，推进高校思想政治理论课教学模式、教学方法改革，根据《思想政治理论课改革与建设方案》制定本规范。

第一条 自主探究教学的性质与目的

高校思想政治理论课自主探究教学是思想政治理论课教学的重要组成部分，是巩固理论教学成果的重要环节。通过自主探究教学实现教师主导与学生主体相统一，促进大学生自主学习能力的提升，培养

大学生的创新精神和实践能力。

第二条 自主探究教学的基本原则

高校思想政治理论课程自主探究教学贯彻“自主、探究、合作”和“以学生为中心”的基本原则，充分发挥学生的主体性，要求学生自主完成教学任务，在合作中探究，锻炼和提高实践能力，培养自主意识和创新精神。

思想政治理论课自主探究教学模式贯彻“学生中心”原则。学生在自主探究教学活动中扮演主角，充分发挥他们的主观能动性；而教师发挥指导作用。

第三条 自主探究教学的组织领导

教学工作委员会是思想政治理论课自主探究教学领导机构，负责制定规章，对自主探究教学工作进行考核；思想政治理论课各课程负责人负责思想政治理论课自主探究教学的组织实施。

第四条 自主探究教学的基本环节

思想政治理论课自主探究教学的组织以学期为单位。每个学期的自主探究教学由相互联系的制定方案、小组自主探究、课堂展示三个基本环节构成。

（一）制定方案。每学期第一至第二周，各课程负责人召集课程全体授课教师会议，制定本学期课程自主探究教学方案，并报学院教学科研办公室备案。自主探究教学方案应当包括如下要素：探究主题（要紧密结合理论前沿问题或者社会现实热点问题拟定探究主题）、教学主体、自主探究教学时间，等等。

授课教师应当以教学班为单位同步布置自主探究教学工作。每个教学班划成若干研讨小组、任命组长；制作班级分组名单及考核表。

（二）小组自主探究。各班分成若干学习小组，各小组长主持探究。授课教师要做好全程指导工作，了解各小组探究过程并对小组探究成果质量形成评估结论，作为计入考核成绩的依据。

（三）课堂展示。学习小组自主探究结束后，推荐代表在课堂展示小组探究成果。授课教师主持课堂展示，但可以根据班级学生实际情况确定交流的组织模式。

第五条 自主探究教学的补充形式

学院鼓励教师开展多样化自主探究教学模式，以丰富思想政治理论课教学形式与教学方式。

第六条 自主探究教学的总结

思想政治理论课程自主探究教学应当在每学期结束新课前两周完成。课程负责人完成自主探究教学的总结工作。

本规范自2018年2月起实施。

附录7

2020—2021学年第二学期“思想道德修养与法律基础”课程自主探究教学活动实施方案

一、自主探究教学主题

“厉行节约 反对浪费” 我们在行动

二、自主探究教学的背景

2020年8月，中国消费者协会向广大消费者发出倡议书，希望消费者从我做起，崇尚节约为荣，向餐饮浪费说“不”，争做节俭消费的实践者、传播者、监督者。倡议书说：勤俭节约是中华民族世代相传的美德，是践行社会主义核心价值观的必然要求，粮食安全关乎社会福祉，珍惜粮食，人人有责。

中国消费者协会倡议广大消费者，无论在家吃饭，外出聚餐，还是自取自助、点外卖，把够吃就好作为一种习惯，把“光盘行动”作为一种时尚，合理膳食，拒绝野味，不浪费，不攀比，不炫耀，争做绿色、节约消费的实践者。

主动为节约用餐的行为点赞，对铺张浪费现象提醒、规劝，争做绿色节约消费的传播者。对不良消费行为进行监督是消费者的权利，更是一份沉甸甸的社会责任。对违背法律规范和公序良俗的餐饮浪费行为要敢于投诉监督、批评纠正，争做绿色节约消费的监督者。

三、自主探究教学的基本要求

1.“厉行节约 反对浪费”活动不局限于粮食，可以是其他资源如水、电、纸张等生活用品和学习用品。

2.活动空间限于学校校园内。

3.每组要有参与“厉行节约 反对浪费”的行动。

4.每组要将自己的行动用PPT形式展现出来。

四、自主探究教学的实施步骤

1. 划分学习小组

2. 开展自主探究活动

3. 记录活动过程和场景

4. 总结活动，畅谈感悟

5. PPT课堂展示探究成果（时间不超过12分钟）

五、自主探究教学活动需提交的材料

1.自主探究教学活动记录册

2.各场景图片

3.探究成果PPT

第四节　高校思政课隐性教学模式创新的实践探索

思政课教学效果不仅仅取决于思政课教学体系构成要素，还受到其周围环境因素的影响，这些环境因素大部分属于隐性因素。因此，要增强思政课教学效果，除了要推进思政课教学改革创新外，还要将各种环境因素纳入教学中，创新思政课隐性教学模式，“坚持显性教育和隐性教学相统一”，以此协调各种环境因素，使之与思政课教学目标保持一致，形成教育教学合力。教育部印发的《高等学校课程思政建设指导纲要》中指出：“要紧紧抓住教师队伍‘主力军’、课程建设‘主战场’、课堂教学‘主渠道’，让所有高校、所有教师、所有课程都承担好育人责任，守好一段渠、种好责任田，使各类课程与思政课程同向同行，将显性教育和隐性教育相统一，形成协同效应，构建全员全程全方位育人大格局。”然而，由于环境因素异常复杂，其中一些因素要纳入课程教学模式创新需要进行顶层设计，仅凭一所高校的力量很难实现。因此，本节只介绍课题组所在单位已经进行的隐性教学模式改革的内容。

一、加强思政课教师职业道德建设，建好思政课建设的“主力军”

教师职业与其他职业相比，有许多不同之处，其中之一就是教师的人格因素也会对学生产生影响。因此，教师被分为两种：一种是“经师”，即学识渊博，教学水平高超的教师；另一种是“人师”，即在德行学问方面能给予学生正确引导的教师。在教学实践中，“经师”易得，“人师”难寻。承担培养学生思想政治道德素养的思政课教师，不仅要求具备广博的理论知识，而且还要具备优秀的品德和人格魅力。只有具备优秀品德的人才能教育学生要成为这样的人，否则不仅起不到教育的作用，反而教师本身及其行为会成为反教育的因素。思政课教师的人格品德修养对学生而言是影响他们的隐性因素，因此，将思政课教师职业道德状况纳入教学管理就显得尤为必要。课题组从以下方面着力加强思政课教师职业道德建设。

为规范思政课教师职业道德行为，同时也为增强思政课教学效果创造更好的条件，课题组定期研讨教师职业行为准则。每学期开学之初，在集体备课之时，研讨教师职业道德行为成为例行内容。研讨的内容主要包括几个方面：一是课程组对上学期思政课教师的职业道德行为进行总体回顾和反思，同时每个教师对自己和同事上学期在教学过程中的职业道德行为进行批评与自我批评，并对本学期的职业道德行为提出自我要求。二是集体学习《新时代高校教师职业行为十项准则》，并研讨相关问题。三是学习高校教育领域优秀教师的先进事迹，学习他们的师德师风，从榜样身上学习优秀作风。同时，在年度考核和教学质量考核中，对思政课教师的师德师风实行“一票否决”制。

二、推进课堂教学行为的规范化，筑牢课堂教学“主渠道”

（一）制定课堂教学的相关规范，推进课堂教学建设

为了提高思政课教师的职业修养，进一步规范课堂教学的职业行为，确保教师的教学行为与教师所讲授内容保持一致，课程组共同商讨制定了《“思想道德与法治”课堂教学规范》（见附录8）《“思想道德与法治”教学效果评价标准》（见附录9）和《“思想道德与法治”实践教学规范》（见附录3）。

附录8

“思想道德与法治”课堂教学规范

为了规范“思想道德与法治”课程课堂教学，统一教学进程，增强教师的示范效应，实现思政课显性教学和隐性教学相统一，提高教学质量，特制定此规范。

第一条 备 课

（一）教师备课时应熟悉本课程教学大纲，认真钻研教材，研究相关资料，明确教学目的与要求，熟练掌握相关教学内容。掌握学生基本信息，增强课堂教学的针对性。选择与教学内容相适应的教学方法，精心设计教学程序，充分准备教学资源。

（二）授课教师要依据学期教学计划，围绕教学目的与要求，结合“思想道德与法治”课程教材和其他教学资源认真编写教案。教案内容应包括：课程名称、授课教师姓名、授课日期、地点、班级、教学目标、教学章节、教学内容、重点难点、教学手段、教学过程、作业布置、预习提示、课堂教学后记。

（三）在教师个人备课的基础上，课程教研室应组织教师定期开展集体备课和统课活动。集体备课和统课的主要内容是贯彻教学大纲，讨论制订学期教学计划，研讨处理教材的重点和难点，总结交流

教学经验，统一教学进度等。

（四）教师应保证课前有充分准备。教师应根据教学对象身心发展水平和特点选用相应的教学方法。

第二条 讲 课

（一）授课教师应在认真备课的基础上，遵循教学原则和规律，运用有效的教学方法和手段，情绪饱满地组织教学。

（二）教师上课时应做到教态端庄、举止大方、着装整洁、爱护学生、严格纪律，注意观察学生的学习动态，检查学生的出勤情况，为人师表，教书育人。

（三）授课教师要积极推进教学改革，充分发挥学生的主体作用，促进师生互动、生生互动，着力培养学生的自主意识和创新精神，提高学生的实践能力。

（四）教师组织教学时的具体要求。一是时间分配上，根据教学重点、难点合理分配时间。二是教师讲授理论知识时要概念准确，条理清晰，重点突出，富有启发性。三是教师授课应合理利用教学手段和设备，以增强教学效果。四是课堂教学应联系学生思想、学习态度；联系学生所学专业实际，提高教学的针对性；联系学生理论知识基础等。五是板书内容应有规划，书写工整、简练、有条理、无错别字。

第三条 作 业

作业是检查教学效果，督促学生学习的重要方法。授课教师每学期根据教学目标和要求，布置一定数量的作业，并认真批阅，写出评语、评分，记入平时成绩。

第四条 辅 导

辅导是课堂讲授的必要补充措施，是解除学生疑难，指导学生自学，因材施教，改进教学的重要环节。对学生辅导以一对一的方式为主，遇到普遍存在的问题时，可面向全班学生进行讲解。辅导中除解答学生的学习问题外，还应了解学生对课堂教学的意见和要求，以进一步完善课堂教学，增强教学实效性。

附录9

“思想道德与法治”教学效果评价标准

为了提高“思想道德与法治”课程教学效果，为教学效果评价提供尺度，特制定此标准。教学效果评价应该包括对教学目标、教学内容、教学方法、教学结构、教学技能、教学结果等方面的评价标准。

一、教学目标评价标准

课程教学是依据教学目标进行的，它贯穿于教学过程的始终，其评价要点主要包括：

1.教学目标是否正确、全面、具体，是否能支撑课程目标。

2.教学目标是否符合学生实际。

3.教学活动是否围绕教学目标来展开。

二、教学内容评价标准

课程教学内容是进行教学活动，实现教学目的的中介，其评价要点主要包括：

1.教学内容是否科学、准确、完整，是否能支撑教学目标。

2.教学内容分量是否适当。

3.教学重点与难点是否处理得当。

4.教学内容布局是否合理，衔接是否合乎逻辑。

三、教学方法评价标准

课程教学方法是完成教学任务的媒介，其评价要点主要包括：

1.教学方法是否灵活多样，是否具有科学性。

2.是否注重启发诱导性。

3.是否注重教给学生科学的学习方法和思维方法。

4.教学方法运用是否恰当。

5.教学方法是否具有个性和创造性。

6.教学方法是否注重反馈并及时调节。

四、教学结构评价标准

课程教学结构的设计是否合理、科学，与课程教学的效率高低直接相关，其评价要点主要包括：

1.教学环节是否紧凑、合理、完整，是否有利于促进教学目标的实现。

2.教学进度是否适宜，与学生思维是否合拍。

3.教学时间分配是否合理。

五、教学技能评价标准

课程教学技能主要是指教师在输出教学信息过程中的一种习惯性的行为方式，它直接影响教学质量的提高，其评价要点主要包括：

1.教学语言是否准确、清晰、流畅、形象、生动、通俗易懂。

2.教学设计是否合理，板书内容是否具有概括性和提示性。

3.教态是否自然，仪表是否端庄，举止是否恰当。

4.教学过程是否规范、熟练。

六、教学结果评价标准

课程教学结果是整个教学过程有效运行的主要标志，其评价要点主要包括：

1.是否完成了预定的教学计划，是否实现了教学目标。

2.学生学习积极性是否提高，课堂气氛是否活跃。

3.学生对正确的世界观、人生观、价值观、道德观、法治观的认知是否提高，践行行为是否改善。

(二)建立健全课堂教学听课评课机制，完善教学行为的日常监督

为了促进思政课教师严格遵守教师职业道德，将教师职业道德意识外化为日常教学行为，积极承担教书育人的职责，课程组还建立了听课评课制度，加强对教师职业行为的日常监督。主要做法有：一是以课程组为单位随堂听课，课后评课，每学期课程组组织教师随堂听课，课后对授课教师的课堂教学进行评价，授课老师也参与课后评价环节；二是思政课教师之间相互听课评课，每学期规定教师之间要相互听课评课不少于2节课，促进教师之间相互交流和学习；三是学生评课，并对授课教师提出意见和

建议，每学期期中召开学生代表座谈会，听取学生对授课教师课堂教学的意见和建议，并将这些意见和建议反馈给教师，督促其改进教学。总之，课程组通过对教师课堂教学的日常监督，促进教师在学科专业和职业伦理两方面实现辩证统一，力求真正做到让“有信仰的人讲信仰”，把思政课教师这一思政课体系中对学生思想品德产生最大影响的隐性因素建设好。

（三）严格管理教材及其使用，提供安全的教学载体

当前，意识形态领域斗争激烈，为了防控意识形态领域的风险，教育主管部门加强了教材管理工作，尤其重视思政课教材建设和管理。为了降低风险，思政课教材完全由国家统一编写，高校思政课教材也要求统一使用国家统编教材。因此，在思政课教材的使用和管理上我们严格按照国家管理要求进行。

对于推荐给教师和学生使用的思政课教辅材料，首先要通过课程组的审核。同时，课程组也会组织教师编写适合教师和学生使用的教辅材料，为学生深入学习思政课相关理论知识提供参考。为此，近年来，课程组组织老师编写了《“思想道德修养与法律基础”学习辅导读本》和《“思想道德修养与法律基础”案例教程》等，为思政课教师教学和大学生学习提供了方便。

三、高校思政课隐性教学模式改革创新的展望

对高校思政课教学效果产生影响的因素众多，其中的隐性影响因素非常复杂，要进一步增强思政课教学效果，就必须将这些隐性影响因素纳入教学过程，使之与思政课教学目标保持协调一致，都发挥正向影响作用。但是，统筹高校影响思政课教学效果的各种影响因素，仅凭思政课教师的努力是无法实现的，需要有更多力量的参与。

（一）加强顶层设计，强化隐性教学模式创新的统筹协调

注重加强顶层设计和制度创新，是高校思政课隐性教学模式创新的重要前提。首先，校领导要高度重视和高度自觉。高校党委要充分认识到隐

性因素对思政课教学效果的特殊而重要的影响，形成推进思政课隐性教学模式创新的高度自觉。其次，加强顶层设计和制度创新。面对高校思政课这一显性影响因素与隐性影响因素存在内耗而导致思政课教学实效性不强的问题，仅凭局部创新是不可能解决的，只有抓顶层设计和制度创新，才能从根本上突破条块分割、各自为政、缺乏协同的育人困境。

创新高校隐性教学模式，如果是思政课课程体系内部各构成要素的统筹，思政课教师就可以完成，但是如果涉及高校范围内部的隐性影响因素，就需要从学校层面组建领导机构来进行统筹和协调。如课程思政、校园文化、学工队伍和辅导员队伍等，都要纳入隐性教学模式之中，这就需要有一个学校层面的领导统筹机构。目前，大多数高校都建立了以学校党委为责任主体的大学生思想政治工作领导机构，但从实际发挥的作用看，还有很大的提升空间，尤其是在统筹全校隐性影响因素方面还需要加大力度健全统筹协调机制。因此，有必要构建统筹协调课程思政建设的统一领导机构，否则各教学单位各自为政、自行其是，很难形成一个统一的课程思政建设的标准和评价机制，课程思政建设的质量就无法得到保证。与此同时，学校层面的统筹协调机构不仅要从宏观上统筹考虑思政课隐性教学模式创新的问题，而且还要务实推进思政课隐性教学模式创新实践，使思政课这一显性教学模式与隐性教学模式实现辩证统一发展，真正促使隐性教学模式在高校范围内全方位地落地生根。与此同时，要构建全员参与的大思政机制。思政课隐性教学模式创新的任务艰巨，涉及方方面面的因素，除了高校领导层要发挥领导统筹作用之外，学校全体员工都要参与其中，如此才能真正创建和实施思政课隐性教学模式。

（二）重点推进课程思政和校园文化的思政功能建设

高校范围内，影响思政课教学效果的隐性因素众多，在这些众多的影响因素中，最突出的两个隐性影响因素就是课程思政和校园文化。这两大隐性影响因素对学生的影响广泛，所有大学生都会受到这两大隐性因素的影响。同时这两大隐性因素对学生的人文素养、人格修养的影响深远。因为所有的大学生都要在大学接受三年、四年，甚至更长时间的学科专业课程的教育，接受无处不在、无处不有的校园文化的影响，这种影响潜移默化，会内化成学生的主观意识、综合素养，外化为行为习惯，彰显于举手投足之间。为此，必须采取有效措施，将这两大隐性影响因素纳入教学过程。

首先，要着力打造学科思政平台，共筑育人“同心圆”。为加强隐性教学模式创新的学科支撑，学校应该成立以马克思主义学院为牵头单位的课程思政建设咨询委员会，强化对课程思政的顶层设计和统筹谋划。以马克思主义学院为课程思政建设平台，聚合多学科资源，设立课程思政专项课题，每年投入一定的经费，从各个学科角度开展隐性教学模式创新。各学科专业人才可以借助这个平台，共同研讨破解立德树人的重大前沿问题。

其次，要发挥校园文化的思政功能，营造育人的文化软环境。要使高校思政课教育教学工作行之有效，除正面教育和积极灌输外，还必须充分挖掘和利用校园文化的潜移默化作用，高校要高度重视校园文化建设。一是美化校园环境，建设好校园文化育人的“基地”。要充分利用校园空间进行绿化，设计有丰富内涵的绿色园地。同时，可以开辟一些特定区域冠以名称，比如毕业纪念园、党员绿地、优秀学生花坛等，在强化传承的基础上进行思想政治道德教育的有机衔接。教学楼内也可以布置一些名人画像、名言警句、艺术作品等感染熏陶学生。同时，校园板报、广播、校报、学校官网的内容也要紧跟时代的步伐，以此拓展学生的视野，对学生发挥思想认知引领作用。二是加强制度文化建设，创造公平正义的价值空间。学校、班级在制定相关制度过程中可以发挥学生的积极性，听取他们的意见和要求，让学生在自治中感受民主氛围。在相关制度的执行落实中，同样引导学生积极参与其中，用自己的实际行动践行规则。当然，如果有学生突破了相关制度，那也应该进行处罚，落实责任。这样，不仅可以使学生正确认识到行为的边界，而且可以有效地培养他们的规则意识和民主精神，从而使制度文化发挥价值观引导和培育的功能。三是加强课余文化建设，创造积极健康的文化氛围。校园文化的载体主要是丰富多样的集体活动。为了培养大学生健康向上的生活态度，课外活动要兼顾教育性与趣味性，在轻松愉快的氛围中充分发挥学生的主观能动性，让学生在课余文化活动中受到教育。四是加强网络文化建设，掌握网络话语权。网络空间已经成为学生的主要活动空间，高校要有主动占领网络文化阵地的强烈意识。一方面，应加快建设一批主题鲜明、内容丰富、趣味性强、符合大学生身心发展特点的网络宣传平台，使大学生能够通过网络平台及时获取具有正确价值导向的信息，对现实重大政治事件和社会热点问题作出正确判断。另一方面，要切实加强高校“网管”工作，牢牢掌握高校网络思想政治工作的领导权、话语权、主动权。

第五节　高校思政课多元混合教学模式构建与设计思路

高校思政课是对大学生进行马克思主义教育，落实立德树人根本任务的关键课程。其中，“思想道德与法治”课程，是运用马克思主义世界观和方法论对大学生进行世界观、人生观、价值观、道德观和法治观教育的一门课程，目的在于帮助大学生坚定“四个自信”，树立和践行社会主义核心价值观，崇德向善，成长为有理想有本领有担当的时代新人。“思想道德与法治”课程既有理论深度，又有很强的应用性；既要解决大学生思想观念上的问题，又要解决大学生行为习惯养成问题，运用单一的教学模式很难完成教学目标和任务。因此，课程组通过理论研究和实践探索，逐步推进多元混合教学模式改革创新，在课堂讲授教学模式的基础上，综合运用实践教学模式、网络教学模式、自主探究教学模式和隐性教学模式，力求充分达成理论知识学习、实践能力锻炼和品德素质培养的综合教学目标，从而增强教学的实效性。

一、研讨谋划

为了有效组织实施多元混合教学模式，在每学期开学之前，“思想道德与法治”课程组组织教师在一起研讨谋划，明确任务和职责。在研讨会上，课程组主要就多元混合教学模式实施的教师构成、学生规模、教学资源、保障措施、经费开支等问题进行研讨共商。在此基础上，进行任务分解、教师分组并明确职责。同时，统一规划多元混合教学模式组织实施的时间安排。一般而言，对实践教学模式的实施一般要求在每学期的中间时段完成；隐性教学模式和网络教学模式的实施则要求贯穿整个课程开课期间；而自主探究教学模式的组织实施每个教师可以根据社会热点问题自行安排。在时间安排上的总体原则是以学生为中心，时间上相对分散，任务难度保持适中。

二、教学分析

“思想道德与法治”课程是针对全校一年级所有学生开设的课程，由于学生的专业背景存在差异，导致课程的教学目标设定，学生的学习兴趣及态度、重视程度、知识背景等方面都存在差异，而开展多元混合教学模式对教学环境也有所要求。所以在进行教学设计之前，须通过对教学目标、学情和教学环境三项内容进行分析，来确定“思想道德与法治”课程教学设计的总方向和总思路。

（一）设定教学目标

“思想道德与法治”课程是必修课程，是所有一年级在校大学生都必须学习的课程。虽然学生的专业背景不同，思想政治道德理论知识和素质有差异，但是在课程教学目标的设定上不应有差异，即教学目标是一致的。那就是通过“思想道德与法治”课程的教学，使学生掌握思想政治道德理论知识，提高运用马克思主义世界观和方法论分析各种社会问题的能力，积极践行社会主义核心价值观，成长为有理想有本领有担当的时代新人，这是课程目标。而教学目标的设定则要以课程目标为依据，是课程目标的分解，同时要根据教学内容的特点来设定。由于不同的教学内容所要实现的教学目标不同，且具有自身的特点，教师根据教学内容的特点选择相应的教学模式。因此，课题组对教材每个章节的内容进行研究，并将其转化为教学内容，明确每个教学内容的教学目标。

（二）明确学情调查的内容

由于一年级大学生学科专业背景不同，高中阶段的学业背景也存在差异，所以不同学科专业的大学生在马克思主义理论知识、人文社科素养以及实践能力方面都存在差异。要组织实施多元混合教学模式，前提是掌握基本学情，具体包括以下内容。

首先，学生对相关理论知识的掌握程度和人文素养情况。不同专业背景的学生，相关理论知识的掌握程度不同。如文科专业的学生，特别是高中阶段具有文科背景的学生，对马克思主义基本原理掌握程度相对扎实些，人文素养也相对高些，对“思想道德与法治”课程教学内容的理解难度较小，教学起来更顺畅。而理工科专业背景尤其是高中阶段以理科为学业背景的学生，则相关理论基础相对薄弱，人文素养总体水平相对略低些，对课堂教学内容的理解难度相对较大。高校中还有一些专业是文理兼招的，也就是高中时无论学的理科还是文科，只要其他条件符合都可招收。因此，在进行学情分析时要注意这类专业的学生组成情况。然后，根据学生对相关理论知识的掌握程度不同，选择不同的教学内容，运用不同的教学模式，以及设计不同的教学方法，力求充分实现教学目标。

其次，学生对相关理论知识的运用能力情况。高校思政课传授的主要是马克思主义基本理论知识，它是科学的世界观和方法论，是人们认识世界和改造世界的强大思想武器。与理论知识掌握程度和人文素养情况一致，一般而言，理论知识掌握程度和人文素养较高，理论知识的运用能力就具备了一定的基础，运用能力也相对强些，当然也有例外情况。总体看，关于马克思主义基本理论知识的运用能力情况还是要具体到不同的班级作具体分析。如果运用能力相对较弱，我们在设计教学时，就要突出实践教学模式和自主探究教学模式的运用，以增强学生理论知识的运用能力。

再次，学生的思想道德素质和法治素养情况。一般而言，大学生经过中小学思政课的学习、长期的家庭教育以及社会环境因素的正向影响，都具备了一定的思想道德素质和法治素养，但是也具有个体差异性。这也是在教学设计之前需要调查研究清楚的，为选择教学模式提供前提。

最后，学生的网络信息技术素养情况。虽然“00后”的大学生是伴随着网络长大的一代，但是来自不同地区、不同家庭的大学生对网络的认知状况和运用能力还是有差异的。对大学生网络信息技术素养情况进行调查的主要内容是学生对网络教学的熟知程度和态度，对待信息的态度，使用的智能学习平台类别，以及偏好的网络教学方式和授课形式等，为选择教学模式提供依据。

（三）教学环境的分析

高校思政课多元混合教学模式的创新和运用需要具备一定的环境条件，主要包括以下几点：首先，教学环境中的硬件分析。高校思政课多元混合教学模式的运用需要具备一定的硬件设施，如运用网络教学模式，就要求校园全面覆盖无线网络，教室配有多媒体教学设备，师生每人都有专用的网络登录账号，学校为课程教学配有超星学习通、雨课堂等多种教学互动平台等；组织实施实践教学模式，就需要一定的实践教学基地，一定的经费支持；隐性教学模式的运用则对校园环境中的硬件设施有一定的要求；自主探究教学模式则需要学校提供一定存量的文献资料或者相关文献数据库等。其次，教学环境中的软件分析。高校思政课多元混合教学模式创新和运用对教学环境中的软件也提出了一定的要求。如对思政课多元混合教学模式的运用的相关制度文件，实践教学模式和隐性教学模式的运用尤为需要从学校层面提供的制度支持。除此之外，要有配套齐全的课程教学大纲、教案、PPT等教学资料，为组织实施思政课多元混合教学模式提供支撑条件。

三、教学设计

根据对“思想道德与法治”课程的教学分析结果，进一步对课程教材内容结构、教学资源、教学流程、分组活动等方面进行调整和设计。

（一）重构教学内容

“思想道德与法治”课程教材内容涉及的理论知识繁杂，既有具有一定理解难度的马克思主义的基本原理，又有与大学生日常生活紧密联系的行为规范教育内容；既有家国情怀的教育内容，又有端正人生态度、培养正确人生价值观的内容；既有思想道德教育的内容，又有法治意识培养的内容。如果深入阐释不够，极易让学生难以理解，导致学习兴趣缺乏；但是如果对教材内容的阐释面面俱到，则不利于学生独立思考，同时也与有限的教学时间形成冲突。因此，应当围绕课程教学目标，根据“问题导向”和“学生中心”教学理念，结合社会发展对人才素质和内涵的要求，将“思想道德与法治”课程教材的理论知识结构进行模块化设计，并参考其他思政课教材内容以避免出现教学内容重复的问题，重新构建教学内容，实现教材内容向教学内容的转化。

第一部分即绪论“担当复兴大任 成就时代新人”为课程确定了培养目标，即要培养能够立大志、明大德、成大才、担大任的时代新人。

第二部分即第一章和第二章，第一章“领悟人生真谛 把握人生方向”，是人生观教育的内容。第二章“追求远大理想 坚定崇高信念”，为大学生指明了人生奋斗目标，本质也是人生观教育的内容，理想信念是人生观在人生奋斗目标上的集中体现。

第三部分即第三章“继承优良传统 弘扬中国精神”，既明确了大学生成为时代新人的政治要求，即爱国爱党爱社会主义；又规定了大学生成长成才成人的时代内涵，即要养成改革创新精神，做改革创新的生力军，是政治观教育的内容。

第四部分即第四章“明确价值要求 践行价值准则”，为大学生成人成才提供了人生核心价值的指引和行为准则，是价值观教育的内容。

第五部分即第五章“遵守道德规范 锤炼道德品质”，主要指明了时代新人的道德素质要求，是道德观教育内容。

第六部分是关于法治观教育：这部分内容主要是第六章“学习法治思想 提升法治素养”，主要指明了时代新人的法治素养的要求。

总体看，“思想道德与法治”教材内容结构是“总—分”结构，即第一个部分是“总括”，对课程目标作出规定，对我们要培养什么样的人明确了基本内涵要求。第二、三、四、五、六部分是“分述”，这五个部分分别提出时代新人所要具备的人生观、政治观、价值观、道德观和法治观等方面的要求。当然，每个部分也有其分析的基本逻辑结构（见图6-1）。授课教师可以根据每一部分的教学内容，针对学情分析进行多元混合教学模式的设计。

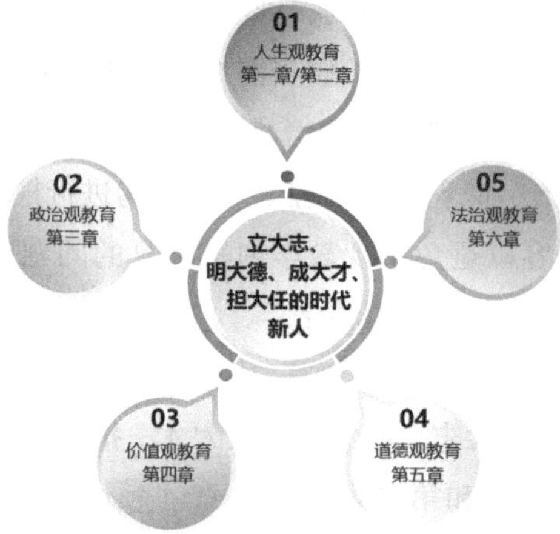

图 6-1 “思想道德与法治”课程教学内容体系

(二)挖掘教学资源

丰富、合适的教学资源有助于高质量完成课程教学目标。在多元混合教学模式运用的过程中，所需的教学资源比运用单一教学模式的教学资源要求更高。因此，在组织实施多元混合教学模式之前，就应当充分挖掘组织实施教学所需要的各种教学资源，主要包括以下几个方面：一是相对传统的教学资源，包括课程标准、教学大纲、教学日历、教案、教材、教辅资料、试卷等。二是相对比较现代的教学资源，包括微视频、MOOC视频、网络教学平台教学资源、PPT课件库等。三是支撑实践教学模式组织实施所需要的实践教学基地。前两类教学资源可以根据教学需要在课前、课中和课后三个阶段分享给学生，以供学生自主学习、探究学习和合作学习使用。“思想道德与法治”课程在多元混合教学模式运用过程中，相对传统的教学资源比较规范完整，相对现代的教学资源主要运用的是超星学习通、雨课堂、MOOC等网络教学平台，而开展实践教学模式所需要的实践教学基地则较为丰富。

（三）制定教学模式选用基本策略

“思想道德与法治”课程教学本着教学全要素参与的原则，围绕“深化理论认知，培养综合素养，提高实践能力”三位一体的教学目标设计教学流程，每一教学目标对应不同的学生核心素养能力培养要求。每一部分的教学内容设计成三个模块，即理论认知、综合素养、实践能力。教学过程中，针对不同模块的教学内容特点，采用不同教学模式组成多元混合教学模式，并实施差异化教学方法，以体现多元混合教学模式的创新性（见图6-2）。

每一模块的教学内容都会运用到网络教学模式和隐性教学模式。在此基础上再根据教学目标和教学内容特点，运用相应的教学模式。如在第三章教学内容中关于“中国精神”部分和第五章教学内容“革命道德”部分均可应用实践教学模式，带领学生参观考察渡江战役纪念馆或者独秀园等实践教学基地，从史实和历史人物身上感悟中国精神和中国革命道德及其对国家民族发展进步所发挥的引领作用。如在学习第五章和第六章内容时，我们会结合社会热点问题设计自主探究教学模式，如2021年根据中共中央关于节约粮食的倡议，课题组组织实施了以“厉行节约，反对浪费”为主题的自主探究教学活动，让学生运用自己所学理论知识调查分析现实生活中存在的各种浪费现象，并提出了针对性的对策建议。而网络教学模式和隐性教学模式则是贯穿整个教学过程的。

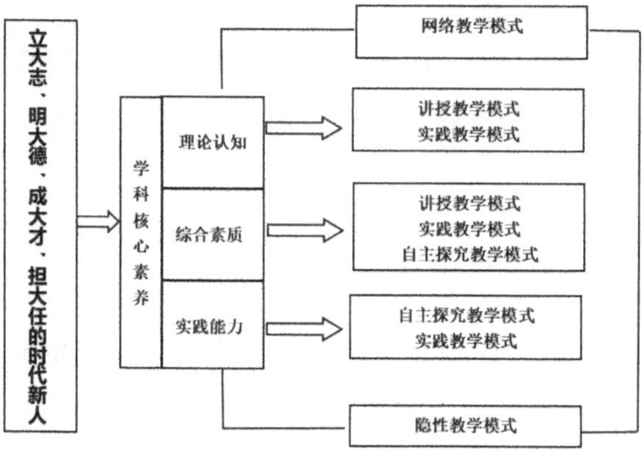

图6-2 “思想道德与法治”课程教学模式选用基本策略

（四）划分学习小组

高校思政课多元混合教学模式运用中，实践教学模式和自主探究教学模式的运用都采用划分学习小组的形式展开。学习小组开展合作学习、分组研讨、成果展示等教学环节。而小组组建根据“自愿+调整”原则进行。每个学习组成员4至6人，设组长1人，负责教学任务的组织协调等工作。理论讲授教学模式的运用既能以学习小组的形式开展教学活动，也可以不划分小组。而网络教学模式在运用中则可以设立学习小组，让各学习小组在参与教学活动中展开竞争，有利于提高学生学习的积极性，激发他们学习的内在动力，当然，也可以根据教学内容不划分学习小组。

（五）创新教学评价

课题组坚持“促进成长”的评价理念，从学生的学习行为、学习成果、满意度等方面多维度评价学生在多元混合教学模式中的学习表现和学习效果，兼顾过程性评价和结果性评价，构建教师评价、学生互评和网络系统打分相结合的多元评价体系（见表6–1），以实现评价的公平性、客观性和全面性，从而促进学生成长和发展。需要注意的是，教师评价和学生互评要在制定一定的评价标准和内容的基础上进行。而网络系统打分则是建立在网络教学的基础上，在组织实施网络教学过程中同步进行。

表6-1　“思想道德与法治”课程教学评价

评价主体 评价内容	教师	学生	网络教学平台
教学过程	学生的情感、态度好、价值观、纪律性等情况	学生在学习小组中的贡献、合作意识、创新精神、自主意识等	签到、评论、点赞等互动情况
教学效果	学生的理论认知、综合素养、实践能力情况	学生的理论认知、综合素养、实践能力情况	小测试结果

四、教学模式实施

力求实现“深化理论知识，培养综合素质，提高实践能力”全面发展的教学目标，以多元混合教学模式的设计思路为依据，组织实施多元混合教学模式。在“思想道德与法治”课程教学过程中，针对不同的教学内容综合采用多种不同的教学模式。将整个教学过程分为课前、课中和课后三个阶段，根据不同教学目标和内容，综合运用各种教学模式来实施。无论在教学中采用何种教学模式，都可以将网络教学模式和隐性教学模式作为辅助或主导模式并且贯穿整个教学过程。在课前，一般通过网络教学平台或者自媒体平台，向学生分享教学资料，下达学习任务，让学生初步了解教学内容和教学过程。课中，采用何种教学模式，则根据教学目标、内容和学生身心发展特点来确定，如果教学目标是深化理论知识，则可以混合运用理论讲授和实践教学模式；如果着重于培养实践能力和综合素养，则可混合运用实践教学模式和自主探究教学模式。课后，一方面要对混合教学模式的运用得失进行分析总结，明确优势，揭示不足，扬长避短，不断改进。另一方面要对学生的学习过程和学习效果进行多元评价，鼓励先进，鞭策后进，促进师生共同成长进步。

五、结语

相对于单一的教学模式，高校思政课多元混合教学模式的运用真正促进了学生“深化理论认知，培养综合素养，提高实践能力”的全面发展。高校思政课多元混合教学模式创新，有效实现了理论与实践、线下与线上、教师主导与学生主体、显性教育与隐性教育的辩证统一发展，有利于促进大学生核心素养的全面养成，实现课程教学效果的最优化。通过“思想道德与法治”课程教学实践，学生的学习自主性和创新能力得到了提升，综合素养和理论运用能力不断增强。授课教师对课程也真正实现了“教学全空间、过程全监控、评价多元化”的教学全体验。

然而，在推进“思想道德与法治”多元混合教学模式创新过程中，课题组也深感运用多元混合教学模式对教师和学生都提出了新挑战。一方面，教师要想取得好的教学成效，必须不断提高自身的理论水平和信息技术素养，花费更多时间去收集、整理和丰富教学资源，投入教学的精力更多。首先，在优化课程教学设计时，应针对不同专业要求，选择有一定差别度的学习资料，设计难易度不同的教学内容。其次，在多元混合教学模式实施中，应注意不能给学生安排过多的任务量，研讨任务的难度也要适中，每一种教学模式在实施中的任务安排在时间上要错开。最后，应加强对学生学习方法的指导，丰富指导形式和渠道，而且要针对不同专业背景的学生进行不同的指导。另一方面，教师还要积极引导学生学会适应并参与多元混合教学模式。首先，引导学生要有意识地转变学习方式，尤其不能按照惯性思维和以往的学习方法开展学习，要以积极主动的态度配合课程教学模式改革。其次，在每个教学环节中，鼓励学生在遇到问题后要及时与老师进行线下或线上沟通交流，及时解决思想困惑或学习难题。最后，教师要指导学生主动归纳总结各种学习方法，并学会将其灵活地运用到不同知识点的学习中。总之，只有师生相互合作，才能真正实现多元混合教学模式改革创新的初心和使命。